KB067701

기회와 추월의 시간

10만 달러 미래

정의로운 사회, 풍요로운 공동체를
소망합니다.
미래세대의 욕구를 충족시킬 능력을 손상하지 않는
지속가능한 개발과 성장
그리고
시민이 평등한 권리를 통해 스스로를 다스리는
다원적 평등 사회,
그것은 공동체와 미래세대에 대한
우리 모두의 책임입니다.

기회와 추월의 시간

10만 달러 미래

권세호 지음

추천사

이필상(고려대 16대 총장, 서울대 경제학부 특임교수)

세상이 무서운 속도로 변하고 있다.

과학 기술의 발전으로 AI는 빠른 속도로 진화를 거듭하고, 디지털 산업은 날개를 달고 있다. 세계는 모든 것이 연결되는 초연결시대가 되고, 자율주행차, 로봇, 의료, 디지털 헬스케어, 드론, VR 등 각 분야에서 혁신적인 서비스가 창출되며, 로봇이 청소기처럼 생활 필수품으로 쓰이는 시대가 도래하고 있다. 메타 버스Meta Verse 시스템의 발전으로 VR을 통해 무한한 가상의 세계로 날아가서 활동하는 시대, 생명공학의 발전으로 인간의 몸을 업그레이드하는 호모데우스 시대도 열리게 된다.

국제정치는 미국과 중국의 패권 경쟁이 더욱 심화되면서 우리를 비롯한 주변국들의 안보와 경제에 영향을 미칠 것이고, 자국 산업을 보호하려는 보호무역주의, UN SDGs 준수와 ESG경영에 대한 요구, 저탄소 산업으로의 대전환, 백신 디바이드, 초고령사회의 도래 등 거센 파도가 밀어닥치고 있다.

권세호 박사는 이런 대변혁에 대한 인사이트를 통해 시대적 흐름을 적시에 읽고 대응하지 못하면 생존을 담보하지 못하게 될 것이며, 선제적으로 활용하면 기회와 추월의 시간을 맞이할 수 있을 것이라고 말한다. 밀려오는 파도를 타고 넘어야만 우리나라는 국민소득 10만 달러 경제대국으로 우뚝 설 기회를 잡을 수 있다는 것이다.

권세호 박사는 본인의 고려대학교 제자이다. 한국공인회계사, 미국공인회계사, 고려대학교 겸임교수로서 국내를 비롯해 미국, 중국, 싱가포르 등 글로벌 환경에서 경험을 쌓고, 학문 현장에서 깊은 지식을 축적한 경제 전문가이기도 하다. 과거와 현재를 통찰함으로써 미래와의 전쟁을 승리로 이끄는 권 박사의 혜안에 새삼 감탄스러운 마음이었다.

이제 미래와의 전쟁이 시작되었다. 정부는 거대한 시대적 변화의 흐름을 조기에 인식하고, 산업구조의 대전환과 투자 여건 조성을 서둘러야 할 것이다. 또한 기업은 급변하는 시대 상황을 신속하고 정확하게 읽고 지속가능한 성장을 위한 미래 전략과 투자 계획을 수립해야만 살아남을 수 있다.

미래의 삶을 준비하기 위해서는 현실 세계를 통찰하면서 미래를 내다볼 수 있어야 한다. 정책을 만드는 사람은 물론이고, 직장인과 학생 가릴 것 없이 일독을 권한다. 투자에 관심 있는 사람이라면 더욱 중요한 인사이트를 얻을 수 있을 것이다. 이 책이 불확실한 미래와의 전쟁에서 승자 전략을 준비하는 길잡이가 되길 기대한다.

추천사

김영식(한국공인회계사 회장)

미래와의 전쟁은 이미 시작되었습니다. 그러나 우리의 준비 상황과 처한 현실은 어떻습니까? 안팎으로 그리 녹록치 않아 보입니다. 미국과 중국의 패권 경쟁은 투키디데스의 함정에 빠져 전세계적으로 보호무역주의가 거세지고 있고, 경제전쟁의 암운마저 드리웁니다. 여기에 북핵위기와 기후온난화 위기가 커지는 가운데 코로나19 팬데믹 또한 2년째입니다. AI와 빅데이터, 싱귤레러티로 대표되는 4차산업혁명도 우리의 미래를 크게 바꿔나가고 있습니다.

거대한 위협이 성큼성큼 다가오고 있음을 느낍니다. 어떻게 준비해야 할까요? 미래와의 전쟁에서 승리하기 위해서는 세계적 흐름들을 정확히 이해하며, 생존과 성장을 위한 대응 전략을 세우는 것이 급선무입니다. 다가온 대변혁의 시대를 제때 대비하지 못한다면 낙오의 시간이 될 것이고, 추락의 위기를 겪게 될 것은 자명합니다.

그러나 대전환의 시기에 선도적으로 잘 대응한다면 오히려 기회의 시간이자 추월의 시간으로 만들 수 있을 것입니다. 미래와의 전쟁을 추월의 시간으로 잘 활용하여 1인당 국민소득 10만 달러 시대를 앞당겨야 하겠습니다.

미래를 잘 준비하는 데는 정부와 기업의 역할이 중요합니다. 정부는 기업의 투자 여건을 조성하여 기업이 미래산업으로 산업구조 대전환을 이끌고, 교육현장에서도 창의력과 공감력, 디지털 리터러시를 바탕으로 하는 새로운 교육혁신으로 4차 산업혁명을 든든히 뒷받침해 나가야 할 것입니다.

　기업은 21세기 국제규범으로 떠오른 UN SDGs 준수와 ESG경영을 적극적으로 실천함으로써 경제적 가치와 함께 사회적 가치도 높여야 합니다. 재무적 성과와 비재무적 성과를 동시에 고려해야 기업의 투자 기회도 넓어지기 때문입니다.

　이제 대한민국은 패스트 팔로워가 아니라 퍼스트 무버가 되어야합니다. 신속한 산업구조 대전환을 이끌어 나감으로써 1인당 국민소득 10만 달러 시대를 앞당겨 실현하고, 나아가 세계 경제를 선도해 나가는 위치에 서게 되기를 기대합니다.

　이 책의 저자 권세호 박사는 한국공인회계사, 미국공인회계사로서 본인과 함께 근무한 인연이 있습니다. 권 박사는 고려대학교 겸임교수로서 연구와 강의에도 남다른 열정을 보이고 있습니다. 산업현장과 교육현장을 지켜오며 실무에 밝은 경제 전문가로서 한국과미국, 중국, 싱가포르 등에서 활동해 온 글로벌 업무 경험과 전문가의 역량 등을 십분 살려 이 책을 출간하게 되었다고 들었습니다. 특히 경제, 경영, 회계, 예산, 세법, 감사 등 다양한 분야에서 경험하고축적해 온 전문지식과 국제 경험을 자산으로 삼아, 미래전쟁에서승리하기 위한 종합적이며 통찰력 있는 분석과 해법을 제시한 점은이 책이 돋보이는 이유입니다. 특히 거시적인 경영환경 분석 툴인PEST 분석을 통해 정치, 경제, 사회, 기술 각 분야의 흐름과 현재 상황, 미래 방향 및 미래 전략을 체계적으로 분석하고 인사이트를 제시한 점도 눈에 띕니다.

　앞으로 이 책이 많은 독자들에게 세계적 조류를 읽고 대처하는데 큰 도움을 주는 유용한 지침서가 되기를 기대합니다. 바쁜 일상에도 책을 펴낸 노고에 격려와 축하의 말씀을 드립니다.

추천사

홍종성(한국딜로이트그룹 총괄대표 CEO)

2018년 세계경제포럼에서 딜로이트 글로벌의 포용적 성장조사 결과 세계 경영인들의 주요 관심사는 4차산업혁명 기술과 포용적 성장을 위한 지속가능성 전략이었다. 이것은 경영에 대한 근본적인 인식 변화를 보여 준다. 세계 경영인들은 21세기 국제규범인 UN SDGs 준수 그리고 경제적 가치와 사회적 가치를 동시에 추구하는 ESG 경영을 적극적으로 수용하고 있다.

세상은 빠르게 변하고 있다. 미중 패권경쟁과 북핵위기, 기후온난화 위기와 코로나19 팬데믹 시대, AI시대와 싱귤레러티, 그리고 갈수록 치열해지는 보호무역주의와 경제전쟁 등 시시각각 거대한 위협들이 우리를 덮치고 있다.

우리는 미래와의 전쟁에서 승리하기 위해 세계적 흐름들을 이해하고, 생존과 성장을 위한 미래 전략을 수립해야 한다. 정부는 기업의 투자 여건을 조성하여 미래산업으로 기업의 산업구조 대전환을 유도하여야 할 것이고, 기업은 UN SDGs 준수와 ESG경영을 통해 지속가능한 성장을 추구하여야 할 것이다.

이제 대한민국은 패스트 팔로워가 아니라 퍼스트 무버로 세계경제를 선도해야 할 것이다. 신속한 산업구조 대전환을 통하여 1인당 국민소득 10만 달러 미래의 토대를 마련하고 미래 경제를 선도해 나가야 할 것이다.

    권세호 박사는 미래에 대한 인사이트를 제시하고 있다. 거시적인 경영환경분석 툴인 PEST 분석을 통해 정치, 경제, 사회, 기술 각 분야의 흐름과 현재 상황, 미래 방향 및 미래 전략을 체계적으로 분석하고 인사이트를 제시하였다. 특히 글로벌 경제전문가로서 오랜 시간 산업현장과 학문현장에서 쌓은 경험과 학문을 통해 미래와의 전쟁을 승리로 이끌기 위해 다가오는 미래를 종합적이고 통찰력 있게 분석하고 대안을 제시하고 있는 점이 돋보인다.

    앞으로 이 책이 미래와의 전쟁에서 승리하기 위해 우리나라와 지구 차원의 미래에 관심을 가지고 있는 학생, 직장인, 관리자, 경영자, 투자자, 정책 입안자들에게 커다란 흐름을 선도하기 위한 방향을 제시하고, 인류와 우리 국민들을 덮치는 위협들에 대응하는 미래 전략을 준비하는 길잡이가 되길 기대한다.

작가의 말

10만 달러 미래를 꿈꾸며

우리 사회가 정의롭고 풍요로운 공동체가 되기를 소망합니다. 아울러 미래세대의 욕구를 충족시킬 능력을 손상하지 않는 지속가능한 개발과 성장을 통하여 미래세대 또한 지속적으로 풍요를 누리길 소망합니다. 10만 달러 미래는 풍요로운 경제가 될 것이며, 개인의 생애 주기에서 니타나는 수많은 고민들과 공동체의 이슈와 갈등들을 해결할 수 있을 것입니다.

우리 사회가 더욱 정의로운 공동체가 되기를 소망합니다.
안전과 복지, 공직, 교육, 권력, 재화 등 다원화된 가치 영역을 정의하고, 각각의 가치 영역에서 정당한 보상으로 인식되는 분배기준을 합의하여 우리 사회의 갈등을 해소할 수 있는 다원적 평등 사회가 되기를 소망합니다.

자신이 살아갈 내일의 모습을 스스로 결정하는 권리를 부여받고, 자신이 살아갈 미래를 자기 스스로 선택하는 사회, 시민이 평등한 권리를 통해 스스로를 다스리는 다원적 평등 사회가 되기를 소망합니다.
이러한 사회를 만드는 것은 공동체와 미래세대에 대한 우리 모두의 책임입니다.

필자는 오랜 시간 산업현장과 학문현장에 있었던 글로벌 경제 전문가로서, 우리 사회가 더욱 정의롭고 풍요로운 공동체가 되기를 꿈꾸어 왔습니다.

그래서 다가오는 미래를 종합적이고 통찰력있게 분석하여 미래와의 전쟁에서 승리하는 인사이트를 공유함으로써 10만 달러 미래를 만들기 위한 우리 모두의 노력에 미력하나마 힘을 보태고자 이 책을 쓰게 되었습니다.

앞으로 이 책이 투키디데스의 함정에 빠진 미국과 중국의 패권경쟁과 북핵위기, 기후위기와 팬데믹, 과학과 기술 발전이 가져오게 될 싱귤레러티singularity와 노동의 종말, 그리고 갈수록 치열해지는 보호무역주의와 경제전쟁 등 미래와의 전쟁에서 승리하기 위한 대안을 찾는 데 도움이 되었으면 합니다.

특히 정책 입안자, 경영자, 투자자들은 물론이고 학생, 직장인들에 이르기까지 우리를 향해 밀려들고 있는 거대한 변혁의 파도에 맞서며 격변하는 위협들에 선제적으로 대응하는 미래 전략을 준비하는 길잡이가 되길 기대합니다.

끝으로 이 책이 나오기까지 언제나 곁에서 응원해 준 고마운 아내 정세은과 사랑하는 권영채, 권영우에게 사랑과 감사의 마음을 전합니다.

_10만 달러의 사나이 권세호

CHAPTER 1 ── POLITICS 정치적 파도

CHAPTER 5 ——— VISION 미래와의 전쟁

2년 가까이 이어지고 있는 코로나19 팬데믹은 인류가 전혀 예상치 못했던 새로운 길을 강제하고 있으며, 지구온난화로 대표되는 기후 위기는 지구상 모든 생물종의 생존 자체를 위협하고 있다.

그렇다면 우리를 덮쳐오고 있는 파도는 코로나19 팬데믹과 기후위기뿐일까?

투키디데스의 함정에 빠진 미국과 중국의 패권 경쟁과 북핵 위기, 과학과 기술 발전이 가져오게 될 싱귤레러티singularity와 노동의 종말, 그리고 갈수록 치열해지는 보호무역주의와 경제전쟁 등 거대한 파도가 밀어닥치고 있다.

우리는 시시각각 다가오는 이런 거대한 위협들에 맞서야 한다. 그동안 경험해보지 못했던 이와 같은 미래와의 전쟁에서 살아남고 성장하기 위해서는 전 지구적 차원의 거대한 흐름을 통찰함으로써 그에 따른 대응 전략을 수립해야 한다. 즉 쓰나미처럼 밀려오고 있는 대변혁의 이슈들에 대해 종합적으로 그리고 체계적으로 분석함으로써 이를 극복할 수 있는 전략과 대안을 준비해야만 살아남을 수 있는 시대다.

그러나 우리는 급변하는 환경과 불확실한 미래에 대한 정보 홍수에 휩쓸려 표류하면서 인류를 덮치고 있는 위협과 기회를 체계적이고 통찰력 있게 인식하지 못하고 있으며, 이런 흐름에 맞설 미래 전략 또한 구체적으로 제시하지 못하고 있다. 또한 미래와의 전쟁에서 승리하기 위해 전략을 짜고 이끌어가야 할 정부 또한 여전히 미래의 국가경쟁력을 강화해 나가기 위한 적확한 대안을 제시하지 못하고 있을 뿐 아니라 이에 따라 우리 삶에 대한 불확실성 또한 높아지고 있는 것이 현실이다.

필자는 오랜 시간 산업현장과 학문현장에서 경험과 지식을 쌓아온 경제 전문가로서, 미래와의 전쟁에서 승리하기 위한 우리 모두의 노력에 미력하나마 힘을 보태고자 이 책을 쓰게 되었다. 또한 추월과 낙오의 갈림길에서, 국민소득 10만 달러 경제강국 대한민국으로 전진하기 위한 전략 수립을 위해 폭풍처럼 밀려드는 미래의 위협을 종합적이고 통찰력 있게 분석하고, 그에 따른 대응을 제시하고자 하였다. 경제, 경영, 회계, 예산, 세법, 감사 등 다양한 분야에서 축적했던 전문지식과 미국, 중국을 비롯한 글로벌 환경에서 쌓은 경험을 바탕으로 우리를 위협하는 거대한 파도에 대해 체계적으로 분석하고 인사이트를 공유하고자 한다.

또한 인류를 덮치고 있는 거대한 위협들과 세계적인 흐름을 거시적인 경영환경 분석 툴, 즉 PEST 분석을 통해 정치, 경제, 사회, 기술로 나눠 각각의 흐름과 현재 상황, 미래의 방향 및 미래 전략을 체계적이고 종합적으로 분석하여 설명하고자 한다.

이를 위해 이 책에서는 크게 정치적 파도, 사회적 파도, 기술적 파도, 경제적 파도로 구분하여 인류에 대한 위협과 기회를 동시에 가져오는 거대한 흐름에 대해 이해해 보고자 하였다. 즉 인류를 향해 덮쳐오고 있는 거대한 위협들과 세계 조류의 흐름 전반에 대한 빅 픽처를 먼저 이해함으로써 다가오는 미래와의 전쟁에서 승리하기 위한 준비 그리고 전략에 대해 분석해보고자 한다.

먼저 정치적 파도로는 현생인류 호모사피엔스가 등장한 이후로 경제체제의 발전 과정과 국제 정세에 대한 흐름을 간략하게 짚어보면서 미래와의 전쟁을 통찰하기 위한 기본적인 개념을 정립할 수 있도록 했다. 즉 미래를 준비하기 위해서는 인류 역사의 흐름을 이해하고, 현재를 통찰할 수 있어야 하기 때문이다.

따라서 생산수단에 대한 소유의 관점에서 인류가 현대 자본주의 체제로 전환되어 오기까지의 경제체제를 중심으로 간명하게 이야기하면서 한편으로 미국과 중국 사이에 벌어지고 있는 패권 경쟁 등 국제 정세를 문명의 충돌과 투키디데스의 함정을 통해 설명하고, 미국 바이든 대통령 시대가 열리면서 변화하는 한미동맹과 국제 정세의 핵심을 통찰력 있게 분석하였으며, 정의롭고 공정한 미래사회로 진화하기 위한 다원적 평등의 시대에 대해 이 야기한다.

사회적 파도로는 기후위기의 실상과 탄소 발자국을 줄이기 위 한 국제적 프로세스 및 그린뉴딜 이니셔티브 등 인류세시대의 위 기, 백신 디바이드를 불러오고 있는 코로나 팬데믹 시대와 언택 트 산업으로의 전환, 급증하는 세계 인구 추세와 달리 출산율 저 하에 따라 초고령사회로 접어드는 한국 사회가 마주하게 될 위 협, UN이 국제 규범으로 요구하고 있는 지속가능한 개발목표의 준수와 기업의 새로운 규범으로 요구하고 있는 ESG경영에 대해 다루도록 한다.

기술적 파도로는 4차산업혁명 시대를 이끄는 AI, 빅데이터, 클 라우드, 5G 등이 불러올 기회와 위협에 대해 다루면서 AI, 로봇, 블록체인, 호모데우스 시대로의 대전환에 대해 피력했다. 아울러 과학과 기술 발전이 가져오게 될 싱귤레러티와 기술적 실업 그리 고 이에 대한 대안으로 등장하고 있는 기본소득제와 로봇세에 대 해서도 논의를 진행한다.

경제적 파도로는 기준금리 하락과 확장적 재정정책을 통한 유동성 공급을 방패로 삼아 코로나와 힘겹게 싸우고 있는 세계 경제와 한국 경제의 전망, 글로벌 밸류체인의 재편과 리쇼어링, 바이 아메리칸과 중국의 쌍순환 전략, RCEP과 CPTPP 등 점점 더 치열해지는 보호무역주의와 빅데이터의 발전으로 갈수록 진화하는 감시자본주의에 대한 논의를 이어간다.

이제 미래와의 전쟁이 시작되고 있다. 대변혁의 흐름을 적시에, 제대로 읽어내지 못하면 낙오의 시간을 맞이하게 될 것이다. 뒤처지는 순간 도태되는 운명을 피할 수 없다.

하지만 밀려오는 변화와 위기를 기회로 삼아 선제적으로 활용한다면 오히려 더 큰 기회를 얻을 수 있는 시간이자, 세계를 리드하는 위치에 올라설 수 있는 추월의 시간이기도 하다. 이제 노련한 서퍼처럼 이 대변혁의 파도를 타고넘어 미래의 주인으로 자리매김할 시간으로 만들어야 한다.

물론 여기에는 정부의 역할이 지대하다. 밀려오는 대변혁의 파도를 선제적으로 인식하고, 산업구조 대전환을 위한 투자 여건을 조성해야 하는 막중한 책임을 지고 있기 때문이다. 기업 또한 급변하는 시대 상황을 신속하고 정확하게 분석해 생존과 지속적 성장을 위한 의사결정과 미래 전략을 수립하여야 한다. 개인 역시 급변하는 미래의 불확실성에 맞춰 살아남고 성장하기 위해 무엇을 준비해야 할지 고민하고 대비해야 한다.

한편으로 미래와의 전쟁에서 승리하기 위해서는 미래산업으로의 대전환과 교육혁명 뿐만 아니라 동시에 공동체 삶의 방식에 대한 합의를 이끌어 내는 새로운 시도 또한 필요하다.

결국, 우리를 덮치고 있는 거대한 파도는 우리 자신의 생존과 성장을 위한 혁신을 요구하고 있을 뿐만 아니라 미래세대가 살아가야 할 삶의 방식과 새로운 경제체제에 대한 선택 과제까지도 안겨 주고 있는 것이다.

우리는 지금 기회와 추월의 시간을 대면하고 있다.

CHAPTER 1

POLITICS
정치적 파도

역사의 종말

약 7만 년 전 등장한 현생인류 호모사피엔스가 살아온 모습을 경제체제, 즉 생산수단에 대한 소유의 관점에서 바라본다면 원시 공산사회, 고대 노예제사회, 중세 봉건사회, 근대 자본주의 그리고 현대 자본주의 체제로 구분할 수 있다.

원시 공산사회는 전체 구성원이 생산수단을 공유하고, 모든 구성원이 생산물을 공유하는 사회다. 고대 노예제는 왕이 생산수단을 소유하고 생산물 또한 왕이 분배하는 시스템이며, 중세 봉건사회는 생산수단을 영주가 소유하고 영주가 생산물을 분배하는 시스템이다.

한편 근대 자본주의는 생산수단이 자본가(부르주아)에게 있다. 생산수단이 자본가에게 있으므로 생산물에 대한 분배도 자본가에 의해 이루어진다.

칼 하인리히 마르크스(Karl Heinrich Marx, 1818~1883)는 자본가인 부르주

아가 아니라 노동계급인 프롤레타리아가 생산수단을 소유하고 생산물도 공유하는 공산사회가 도래할 것이라고 믿었고, 주장했다. 그리고 20세기 초 마르크스가 주장한 사상을 추종하는 공산주의 국가들이 등장하였는데, 소련과 중국 등이다.

1945년 제2차 세계대전 이후, 세계는 자본주의를 신봉하는 세력과 프롤레타리아 독재를 꿈꾸는 세력으로 양분되어 대치했던 냉전시대를 맞이했으며, 이어서 1989년 베를린장벽 붕괴와 1991년 소련의 해체로 자본주의 체제가 승리함으로써 신자유주의 시대가 열리게 된다.

스탠포드대학 프랜시스 후쿠야마Francis Fukuyama 교수는 이와 같은 상황을 두고 '역사의 종말'이라 칭하면서 이데올로기 관점에서 자본주의 체제가 '진화의 종점'이 될 것으로 생각하였다.

신자유주의 시대의 도래

1800년대 산업혁명을 통해 생산성이 급격히 올라 공급이 소비를 추월하게 되면서 세계열강들은 시장을 확보하기 위한 식민지 쟁탈전을 벌이게 된다. 영국은 인도·아프리카·북아메리카를 식민지로 지배하였고, 스페인은 남아메리카를, 포르투갈은 브라질을, 프랑스는 아프리카 일부 지역과 베트남 등을 식민지로 확보해 수탈하였다.

한편 유럽 내 패권 경쟁에 몰두하면서 식민지 확보에 뒤처졌던 독일 또한 식민지 확보를 위한 기회를 노리게 되고, 결국 1914년 오스트리아 황태자 부부 암살사건을 계기로 제1차 세계대전이 발발하게 된다. 그리고 전쟁은 영국, 프랑스, 러시아가 연합해 독일을 제압함으로써 패전국이 된 독일은 1919년 베르사유조약을 통해 영토의 10% 이상을 빼앗기고 막대한 전쟁 배상금까지 물게 되는 결말을 맞이하게 된다.

유럽이 전후 피해복구에 정신이 없는 상황에서 미국에서도 1929년 대공황이 발생한다. 산업화에 따라 생산성이 높아지면서 공급이 증가했음에도 수요 부족으로 물건을 팔 곳을 찾지 못했기 때문이다. 이에 대한 타개책으로 기업은 가격을 낮춰 소비자를 찾으려 하였는데, 그에 따라 수지를 맞추기 위해 제조원가를 줄일 수밖에 없었고, 원가를 줄이기 위해 고용을 줄이는 구조조정이 일어나 대량실업이 발생하게 된다. 그리고 자연스럽게 실업 증가는 소비감소로 이어져서 유효수요의 감소로 나타나는 악순환에 빠지게 된 것이다.

이에 미국은 정부가 개입해 유효수요를 창출하기 위한 뉴딜정책을 실시했으며, 막대한 예산을 투입해 도로, 항만, 철도, 댐 등 SOC 투자에 나섬으로써 대공황으로부터 벗어날 수 있었다. 후버

댐이 바로 이때 건설된다.

산업혁명 이후 생산이 소비를 따라가지 못했던 초기 자본주의 시대를 생산시대라고 한다면, 대공황 이후 유효수요가 있어야만 공급이 가능해지는 후기 자본주의 시대(수정 자본주의)는 수요의 시대라 할 수 있다. 수정 자본주의는 초기 자본주의에 비해 국가의 개입이 커지고, 세금과 복지비용이 증가하는 반면 경쟁이 감소하고 경기 활성화가 둔화되는 단점이 있다.

제2차 세계대전 이후 냉전체제에서는 자본주의를 채택하고 있던 국가들 또한 공산주의에 관심을 가지게 된 노동자와 무산계층의 눈치를 보느라 수정 자본주의를 유지할 수밖에 없었다.

하지만 1991년 소련이 붕괴하고 신자유주의 시대로 접어들게 되자 체제 경쟁에서 승리한 자본가들은 더이상 공산주의자들의 눈치를 볼 필요가 없어지게 된다.

당연히 자본가들의 탐욕은 더욱 증가하기 시작하였으며, 신자유주의가 경제체제를 지배하게 되었다. 신자유주의는 정부의 개입을 최소화하여 세금 인상을 억제하고, 시장경쟁을 핵심 이데올로기로 내세웠다.

하지만 신자유주의 경제체제는 경기가 활성화되는 긍정적인 면을 가져오기도 했지만 복지가 감소하고 소득불균형과 빈부격차로 사회불안이 커지는 단점을 불러오게 된다.

데탕트: 미국과 소련의 공동통치 시대

제1차 세계대전, 제2차 세계대전으로 인해 폐허가 된 유럽은 15세기 말부터 진행된 대양 항해와 식민지 쟁탈전 이후로 쥐고 있던 헤게모니를 잃게 되었다. 대신 미국이 세계 패권을 쥐게 된다.

제2차 세계대전 이후 유럽은 심각한 경제 문제에 직면했다. 승자도 패자도 같은 처지였다. 도시는 파괴되고 도로, 철도, 항만 등 산업시설 또한 붕괴됨으로써 독일은 국민총생산이 1938년의 1/3 수준으로 하락했고, 이탈리아는 40% 수준으로 떨어졌다. 프랑스도 50% 수준으로 하락했다. 승전국인 영국 역시 타격을 받아 유럽은 국제관계와 세계무역 중심지로서의 역할을 상실하게 되었다. 결국 유럽은 동유럽과 서유럽으로 분할된다.[1]

반면 자국 영토에서 전쟁을 치르지 않은 미국은 인명피해가 적었고, 산업시설 역시 그대로 보존할 수 있었다. 뿐만 아니라 전쟁 수요로 인해 산업이 활기를 띠면서 전 세계 GNP의 40% 수준을 차지할 정도로 엄청난 부를 축적하게 되는 기회를 잡게 되었고, 결국 1947년 3월 12일 대통령 해리 트루먼이 '트루먼 선언'을 통해 자유세계의 리더임을 자임하면서 미국은 세계의 패권국가가 되었음을 천명한다.

"미국은 무력을 지닌 소수 혹은 외부의 압력에 속박당하기를 거부하는 자유 국민을 지원할 준비가 되어 있다."

아울러 1947년 6월 5일, 조지 마샬 국무장관은 서유럽 경제재건을 위한 '마샬 플랜'을 발표하고, 1948년부터 1951년까지 130억 달러에 달하는 경제원조를 실시했다. 그리고 미국은 1949년 나토(북대서양 조약기구)를 창설하여 동맹국이 된다.

반면 소련은 서구세력의 침략에 대비한다는 구실로 동독, 폴란드, 체코슬라바키아, 헝가리, 유고슬라비아, 루마니아, 알바니아, 불가리아에 붉은 군대를 주둔시켜, 내정에 간섭하기 시작했다. 이에 영국 수상 윈스턴 처칠은 1946년 미국 대학에서의 연설을 통해 소련과 동유럽의 움직임을 가리켜 '철의 장막'이라는 말로 경계심을 드러냈으며, 동서 양 진영은 대결의 장으로 들어선다.

"발트해 슈테틴에서부터 아드리아해 트리에스테에 이르기까지 대륙을 가로질러 철의 장막이 드리워졌습니다."[2]

소련은 미국이 주도하는 나토에 대항한다는 명분으로 1955년 바르샤바조약기구를 만들어 군사적 대립을 주도하면서 세계는 냉전체제의 수렁으로 점점 더 깊이 빠져들게 되었다.

하지만 체제 경쟁을 하며 긴장을 높여 가던 미국과 소련은 1962년 쿠바위기 이후 인류가 공멸할 수 있는 핵전쟁만은 막아야 한다는 위기의식을 공유하게 되었고, 이에 미국이 데탕트(긴장완화)를 제안하면서 소련도 평화공존 정책을 제시하게 된다.

하지만 데탕트는 경쟁 종식이 아니라 미·소가 합의한 규칙에 따라 양국이 공동으로 세계를 지배한다는 것을 뜻하며, 데탕트 정책은 군비 통제, 서독의 동방정책, 헬싱키협정으로 상징된다.

미국과 소련의 합의에 따른 미·소 공동통치 시대가 이어지고 있던 1985년, 드디어 소련의 미하일 고르바초프 대통령은 페레스트로이카 정책을 시행할 수밖에 없는 상황에 봉착하게 되었고, 결국 소련이 더이상 동유럽 동맹국들에 대한 군사, 경제적 지원을 감당할 수 없게 되었음을 인정할 수밖에 없었다. 미국과의 경제, 기술, 군사적 격차가 점점 더 크게 벌어져 더이상 경쟁을 이어가는 게 불가능하다는 현실을 인정할 수밖에 없었던 것이다.

고르바초프로서는 결국 바르샤바조약기구 회원국들을 통제하는 '브레즈네프 독트린'을 폐기할 수밖에 없었으며, 유럽 중거리 핵미사일 조약에서 'SS 20'을 포기하고, 1989년 불간섭정책에 찬성하면서 마침내 1989년 11월 9일 베를린장벽이 붕괴되었다. 아울러 1991년 6월 코메콘(경제상호원조회의)을 해체하고, 7월 바르샤바조약기구를 해체하면서 소련 군대를 동유럽 국가에서 철수시켰다. 그리고 1991년 12월 26일 마침내 고르바초프 대통령의 하야와 함께 소련은 해체된다.

핵무기 경쟁: 맨해튼 프로젝트

1938년 유대계 화학자 리제 마이트너, 오토 한, 프리츠 슈프라스만이 핵분열 기술을 발견하였으며, 이를 알게 된 독일 나치정권은 핵무기 제조를 위해 이 연구를 가져가게 된다. 이에 위기감을 느낀 알버트 아인슈타인은 1939년 8월 루스벨트 대통령에게 편지를 보냈는데, 그 편지에는 독일이 핵분열을 이용한 아주 위험한 무기를 만들고 있으므로 미국이 독일보다 먼저 개발해야 한다는 우려가 들어 있었다.

인류 최초로 핵무기개발을 위한 맨해튼 프로젝트가 가동되었다. 그리고 1945년 7월 16일 미국 뉴멕시코주 로스앨러모스에서 첫 핵실험이 성공하게 된다.[3] 그리고 실제로 사용된다. 제2차 세계대전 말 1945년 8월 6일, B-29 폭격기 에놀라 게이가 일본 히로시마에 첫 원자폭탄 리틀보이를 투하한 것이다. 이어서 8월 9일에는 원자폭탄 팻맨을 나가사키에 투하하였으며, 결국 일본은 1945년 8월 15일 백기를 들 수밖에 없었다.

미국이 히로시마에 떨어트린 우라늄탄은 히로시마에 거주하고 있던 33만 명 중 전쟁이 끝나고 5년 후까지 20만여 명의 목숨을 빼앗았으며, 76,000채의 건물 중 48,000호가 완파되었고, 22,000호가 반파되었다. 나가사키에 투하한 플루토늄탄도 사망자가 7만 명이나 되었다.

핵의 비대칭성은 핵무기가 다른 재래식 무기와 비교 불가능한 파괴력을 가지고 있음을 의미한다. 핵무기 1kt은 TNT 폭약 1,000t의 폭발력을 갖고 있었는데, 히로시마에 투하된 핵폭탄의 위력이 15kt 수준임을 고려하면 핵무기가 가져오는 파괴력에 대한 공포는 상대에게 엄청난 심리적 타격을 주게 된다. 즉 수천 개의 재래식 무기보다 핵무기 하나가 더 큰 위력과 공포를 안겨 주게 되는데, 이러한 극단적인 현상을 핵의 비대칭성이라고 한다.[4]

원자폭탄이 사용된 이후, 핵의 비대칭성과 위력에 공포를 느끼게 된 각국은 이러한 핵의 파괴력이 오히려 전쟁 억지력을 갖고 있다고 보았으며, 핵이 평화를 보장받을 수 있는 수단이라고 생각하고 핵개발 경쟁에 뛰어들기 시작했다.

- 1949년 소련이 첫 번째 핵실험에 성공하였다.
- 1952년 영국이 핵클럽에 가입하였다.
- 1960년 프랑스가 핵실험에 성공하였다.
- 1964년 중국이 핵실험에 성공하였다.
- 1968년 핵확산금지조약(NPT)을 체결하여 더이상 핵이 확산되지 않도록 핵무기개발을 통제하기 시작하였다.
  하지만 이스라엘, 인도, 파키스탄은 현재까지도 NPT에 서명하지 않고 있으며 비밀리에 핵을 개발해 보유하고 있는 핵보유국이다.
- 1972년 미국과 소련이 전략무기제한협정을 체결하였다.

- 1995년 178개국에서 무기한 갱신(공식 핵보유국 5개국 포함)되고 있다.
- 2017년 7월 7일 UN총회에서 핵무기금지조약이 채택되어 2020년 10월 24일 50개국의 비준이 완료되었다.

  ICAN(International Campaign to Abolish Nuclear Weapons: 핵무기철폐국제캠페인)은 UN의 핵무기금지조약의 채택을 이끌어 낸 공로를 인정받아 2017년 노벨평화상을 수상했다.

  ICAN은 전 세계 103개국 599개 파트너 단체를 가진 연합체로 스위스 제네바에 본부를 두고 있다.

2021년 1월 22일 핵무기금지조약(Treaty on the Prohibition of Nuclear Weapons, TPNW)이 발효되었다. 핵무기금지조약은 핵무기를 전면적으로 금지하는 국제조약으로, 당사국이 핵무기나 핵 폭발장치를 개발, 실험, 생산, 제조, 획득, 보유, 비축, 이전, 사용 또는 위협하거나 영토 내에 핵무기나 핵 폭발장치의 주둔, 설치 혹은 배치를 허용하는 것을 금지하고 있다. 또한 핵무기 관련 활동에 참여하도록 지원하거나 촉진하거나 유도하는 것 역시 금지하고 있다.

그러나 미국, 러시아, 중국, 영국, 프랑스 등 이른바 핵무기 보유국은 비준에서 빠졌고, 대한민국과 북한도 비준국(51개국)은 물론 서명국(86개국) 명단에서도 빠졌다. 뿐만 아니라 2003년 NPT에서 탈퇴한 북한은 비밀리에 핵개발에 성공하였으며, 핵실험을 계속하고 있는 상황이다.

또한, 2015년 오바마 대통령이 이란 핵시설을 사찰하는 조건으로 이란에 대한 경제제재를 해제하는 이란핵협정을 체결하였으나, 2018년 트럼프 대통령이 이를 뒤집으면서 다시 이란의 핵무기개발에 대한 우려가 커지고 있는 실정이다.

현재 지구에는 인류 절멸을 불러올 핵무기가 약 13,400개나 존재한다. 게다가 전 세계 핵무기 90%를 보유하고 있는 미국과 러시아를 비롯한 핵보유국들은 지금도 핵무기 개발을 멈추지 않고 있다. 지구 생물종을 단숨에 멸절시킬 수 있는 핵무기가 여전히 통제되지 않은 채 인류를 위협하고 있는 것이다.

불붙는 우주전쟁

제2차 세계대전 이후 원자폭탄 사용을 보고 놀란 각국은 상대 진영에 대한 두려움을 느끼고 상대에 대한 공격 무기로 장거리 탄도미사일을 개발하기 시작했다. 멀리 떨어진 모스크바와 워싱턴을 공격하기 위해서는 대기권 밖으로 미사일을 쏘아올려야 했으므로 미국과 소련은 우주로 쏘아올릴 미사일 발사 경쟁에 뛰어들게 되었던 것이다.

그런 과정에서 우주공간으로부터 상대방을 감시하고자 하는 아이디어로 위성 발사가 고안됐으며, 초기 우주전쟁에서 앞서갔던 것은 소련이었다. 세계 최초의 인공위성 스푸트니크 1호 발사 성공, 최초의 우주비행사 유리 가가린, 최초의 무인우주선 달착륙 성공, 최초의 여성 우주비행사, 최초의 인간 우주유영 등 우주 경쟁에서 앞서 나가며 수많은 업적을 쌓았다.

　하지만 인간의 달 착륙 경쟁에서는 1968년 아폴로 11호 선장인 닐 암스트롱이 인류 최초로 달 표면에 발을 딛은 인류로 기록됨으로써 미국이 승리를 거둔다.

　달 착륙 경쟁에서 패한 소련은 우주정거장을 설치하기 위한 계획을 발표하고, 1971년 샬루트 우주정거장을 설치하였다. 그리고 이런 경험을 바탕으로 1986년 미르 우주정거장을 설치하여 운영하였는데, 1991년 소련이 해체될 당시 우주정거장에 있던 우주비행사 세르게이 크리칼료프는 돌아갈 조국이 없어 우주를 떠돌다 10개월 만에야 겨우 지구로 귀환하게 되는 일도 벌어진다. 우주인 세르게이 크리칼료프는 1991년 5월 18일 미르 우주정거장에서 5개월 간의 임무를 마치고 귀환할 예정이었으나 소련이 해체되면서 이를 책임질 정부와 자금 부족으로 인해 귀환하지 못하게 되는 처지에 놓였던 것이다.

　10개월 동안 우주에서 떠돌던 크리칼료프는 우주 연구에 관심을 가지고 있던 독일의 재정적 지원으로 겨우 귀환할 수 있었는데, 우주로 날아갈 당시에는 소련 사람이었으나 돌아올 때는 러시아인이 되었다.

그 후에도 우주 개발은 계속 이어져서 미국, 러시아, 유럽, 일본, 캐나다 등 16개국이 힘을 합쳐 국제우주정거장을 건설하였다. 이 국제우주정거장(International Space Station, ISS) 건설은 인류의 우주개발 역사에서 가장 위대한 사건이며, 과학기술 분야 국제협력사업 가운데 가장 큰 프로젝트다.

국제우주정거장은 여러 국가의 모듈을 조립해 제작하게 되면서 복잡한 소유권 문제를 가지고 있다. 다목적 실험실 모듈은 러시아가 독점적으로 소유하고 있어 러시아와 개별 계약을 통해서만 이용할 수 있으며, 미국도 일부 모듈에 대해 독점적 소유권을 가진다. 나머지 모듈과 태양광 발전기, 로봇 팔 등은 국가별로 일정하게 사용 시간이 할당돼 있다.

국제우주정거장 실험실은 지구의 어떤 무중력 실험실보다 완벽하면서도 장기적인 우주 환경을 제공한다. 따라서 생명과학, 무중력 상태에서의 물리학, 우주 환경이 인체에 미치는 영향 등 다양한 분야에서 인류에게 새로운 가능성을 열어 줄 기회를 제공하고 있다. 우리나라도 최초의 우주비행사 이소연 박사가 국제우주정거장을 다녀왔으나, 우주정거장 건설 사업에 참여하지 못해 활용할 수 없다는 것은 커다란 아쉬움이다.

    미국은 국제우주정거장과 함께 화성탐사 계획을 추진하고 있다. 최근까지 화성탐사선을 발사한 나라는 미국, EU, 러시아, 중국, 인도, 일본, 아랍에미레이트 등이다.

    2021년 2월 18일 27억 달러를 투입한 NASA의 5번째 화성탐사 로버(외계행성 표면탐사 로봇) 퍼시비어런스Perseverence호가 마침내 화성에 착륙하였다. 2020년 7월 30일 발사된 이후 4억 7,200만 킬로미터를 비행한 끝에 무사히 화성 표면에 도착한 것이다.

    퍼시비어런스호는 화성의 1년에 해당하는 687일 동안 고대 생명체의 흔적을 찾는 일, 토양과 암석 표본의 채취 등 각종 임무를 수행할 예정이다.

    또한, 미국은 2030년 화성 유인탐사 계획을 진행 중에 있으며, 머지않아 인류가 화성에 발을 딛는 순간이 도래하게 될 것으로 기대된다.[5]

문명의 충돌

911테러와 R2P

미국과 소련의 냉전이 종식되자 스탠포드대학 교수인 프랜시스 후쿠야마는 자본주의가 체제 경쟁에서 승리하였다고 인식하고, 대부분의 국가들이 이론상으로는 민주주의와 자본주의 시장경제 체제를 유지할 것으로 보았다.

하지만 하버드대학 새뮤엘 헌팅턴 교수는 후쿠야마 교수의 주장을 비판하면서 냉전체제가 종식된 이후의 국제정치 상황을 분석하면서 다시 문명들 사이에 충돌이 일어나게 될 것이라고 주장한다. 즉 냉전체제가 종식된 것은 전쟁의 끝이 아니라 전쟁 양상이 바뀌었을 뿐이라는 것이다.[6]

새뮤엘 헌팅턴은 서구문명, 슬라브문명, 이슬람문명, 힌두문명,

유교문명, 일본문명, 라틴아메리카문명, 아프리카문명 등으로 문명권을 구분하고, 이들 문명들 사이에서 충돌이 일어날 것이라면서 특히, 세계를 지배하고 있던 서구문명과 중국으로 대표되는 유교문명의 충돌 그리고 서구문명과 이슬람문명의 충돌은 피할 수 없을 것이라고 주장했다.

헌팅턴 교수는 냉전체제 종식 이후 세계평화에 대한 희망을 품고 있던 인류에게 걸프전 발발과 발칸전쟁 등을 근거로 전쟁의 종식이 아니라 전쟁 양상이 바뀐 것뿐이라고 주장하였는데, 이 이론은 2001년 발생한 911 테러 이후 더욱 큰 지지를 받았다.

911 테러 사건은 2001년 이슬람 테러단체가 4대의 민간항공기를 납치하여 뉴욕의 세계무역센터 쌍둥이 빌딩과 워싱턴의 국방부 청사 펜타곤을 공격한 사건이다. 미국은 이 사건으로 2,800~3,500명에 이르는 인명과 막대한 경제적 손실을 입었다.

그러나 헌팅턴 교수의 이론은 많은 비판에 직면했다. 실제로 헌팅턴의 이론은 중국을 견제하고 이슬람 세력의 발호에 대처해야 한다는 미국의 전략적 목표와도 일치하는 것이었고, 자유주의적 가치로 상징되는 미국의 이익을 철저하게 대변하는 패권주의적 시각을 가지고 있다는 것이다.

한편, 주요 충돌 역시 헌팅턴의 주장처럼 문명 간 충돌이 아니라 문명 내 충돌로 발생했다. 즉 걸프전은 이라크가 쿠웨이트를 침공하면서 일어난 전쟁으로, 같은 이슬람문화권인 중동에서 발생했다. 르완다 대량학살도 아프리카에서 발생했으며, 중국과 대만, 남한과 북한도 같은 문명 내에 있다.

한편으로 이슬람과 중국 등 비기독교 문명권을 위협 세력으로 간주하는 서구 중심주의적 사고와 독자적인 민족과 종족의 존재를 무시한 점에 대해서도 비판적인 목소리가 높다.

헌팅턴의 이론 특징은 이질적인 문명은 자동적으로 충돌할 것이라고 예견하는 데 있다. 하지만 문명 간 충돌은 불가피한 것이 아니다. 헌팅턴 교수 역시 문명의 충돌을 예측하면서도 이를 적극적으로 옹호하지는 않았다. 결국, 각국이 어떤 정책을 쓰느냐에 따라 문명의 충돌을 피할 수 있다고 보았기 때문이다.

한편, 하랄트 뮐러는 『문명의 공존』에서 헌팅턴의 문명충돌론을 비판하면서 국제관계가 대화와 협력을 통해 갈등과 분쟁을 해소하는 방향으로 나아간다고 주장했다. 특히 문명충돌론이 지지받았던 911테러는 오히려 문명과 관계없이 전 세계가 테러행위를 막고자 함께 노력하는 계기를 제공했다고 지적한다.

또한 2005년 특정 국가가 반인도범죄, 인종청소 등으로부터 자국민을 보호하지 못할 경우, 일시적으로 해당 국가의 주권을 무시하고 국제사회가 개입할 수 있다는 UN의 보호책임(R2P Responsibility to Protect)을 UN 세계정상회의에서 통과시켰던 것은 갈등 해결을 위한 국제사회의 보편적 질서 확립 노력이었고, 모든 문명과 국가들이 이를 반대하지 않아 문명의 공존을 보여주고 있다고 주장한다.

투키디데스의 함정

투키디데스의 함정이란?

〈강철비2〉는 투키디데스의 함정에 빠진 미국과 중국 간 패권 경쟁의 틈바구니에 낀 대한민국의 현실을 보여 주는 영화로, 미국과 중국의 패권경쟁 속에서 우리나라가 어떻게 해야 생존을 담보할 수 있는지를 웅변한다.

투키디데스는 2500년 전 공자와 비슷한 시기에 생존했던 아테네 출신의 역사가이자 장군이었으며, 그가 편찬한 『펠로폰네소스 전쟁사』로부터 '투키디데스의 함정'이란 말이 비롯되었다.

기원전 5세기 기존 맹주였던 스파르타는 급격히 성장하는 아테네에 대해 불안감을 느끼게 되고, 이에 양국은 지중해의 주도권을 놓고 전쟁을 벌이게 된다. 페르시아를 물리친 아테네의 국운이 올라가 기존 세력 균형이 무너지게 되면서 무력 충돌이 벌어진 것이다. 즉 투키디데스의 함정은 신흥세력이 지배세력에 도전해올 때 격렬한 구조적 긴장이 형성되며, 결국 부딪치게 될 수밖에 없게 되는 현상을 말한다.

최근 미국과 중국의 상황을 설명하는 데 쓰이면서 주목을 받고 있으며, 〈파이낸셜타임스〉가 2018년 올해의 단어로 선정하기도 했다.

미국과 중국의 패권 경쟁 그리고 한반도

하버드대 교수 그레이엄 엘리슨Graham Tillett Allison은 저서 『예정된 전쟁』에서 미국과 중국이 투키디데스의 함정에 빠져 전쟁이라는 결말을 향해 달려가고 있다고 주장했다. 그는 최근 500년 역사를 통해 신흥강국이 패권국에 도전하는 사례가 16건 있었고, 이 가운데 12건이 전쟁으로 이어졌다고 분석한다.[7]

그렇다면 미국과 중국 사이에 전쟁은 일어날 것인가?

그레이엄 엘리슨은 "개인의 자유, 인권, 민주주의에 대한 미국과 중국의 근본적 차이는 바이든 행정부에서 더욱 뚜렷해질 것이며, 미중 간에 이념 차이가 더 심화될 것으로 보인다"면서 미국과 중국 사이에 벌어지고 있는 패권 경쟁이 이대로 계속된다면 역사의 교훈대로 전쟁은 불가피할 것이라고 말한다. 엘리슨 교수는 이어 "미국과 중국이 치열한 경쟁과 강력한 파트너십이 결합된 새로운 형태의 강대국 관계를 찾으려고 하면서, 나머지 세계는 더욱 불안정해질 수 있다"고 내다봤으며, 전쟁을 피하기 위해서는 다른 대응책을 찾아야 할 것이라고 주장했다.

    지배세력은 자신의 이익을 관철하는 기존 질서를 당연한 권리라고 생각하는 반면 신흥세력 또한 성장을 통해 자신의 권리를 찾는 과정에 있기 때문에 충돌은 불가피해진다. 특히, 중국은 자신을 신흥세력이 아니라 복귀세력이라고 생각한다. 중국은 과거 4,000년 동안 자신들이 세계의 중심이었다는 중화사상을 갖고 있으며, 최근 몇 백 년 동안 잠시 빼앗겼던 지위를 다시 찾고자 할뿐이라는 생각을 가지고 있다.

    중국 시진핑 주석은 2017년 다보스 연설에서 "우리가 분별력 있게 행동한다면 투키디데스 함정을 피할 수 있다"고 언급하며, 상호존중, 핵심이익 존중, 새로운 국가관계 구축을 주장했다. 키워드는 '경제 세계화(Economic Globalization)'였으나, 미국을 대신해 중국이 자유무역주의 진영의 명실상부한 리더가 되겠다는 의지를 노골적으로 드러낸다. 시진핑의 참모이자 중국 국가부주석 왕치산도 "옛날 모델은 전쟁으로 이끌었으므로 예정된 전쟁을 피할 수 있는 새로운 모델이 필요하다"고 주장하였다.

    한편, 그레이엄 엘리슨 교수는 북한 핵으로 인해 미국과 중국 사이에 전쟁이 일어나게 될 위험을 두고 이렇게 말한다.

첫째, 북한이 핵개발을 계속할 것이며 이러한 확률이 가장 높다.

북한은 계속해서 핵실험을 하고 ICBM 발사 실험도 계속할 것이다. 즉 북한의 미국에 대한 공격 능력을 높일 것이다.

둘째, 미국이 북한을 공격할 것이다.

그렇게 되면 제2차 한국전쟁이 발발하고 중국과 미국의 전쟁이 일어나게 된다.

셋째, 미국과 북한의 협상이 계속된다.

단계적 비핵화를 이루겠지만 그렇게 된다면 이것은 작은 기적이 될 것이다.

만약 미국이 북한을 공격해서 북한을 무너뜨리고자 한다면 중국은 전쟁에 개입할까?

"1차 한국전쟁에서 이미 보여 주었던 것처럼 미국이 중국 국경에 다가올 때 중국은 참전을 하게 된다"고 그레이엄 엘리슨 교수는 주장한다.

2015년 중국 사회과학원 연구원 유자는 중국이 북한을 쉽게 포기해서는 안 되는 3가지 이유를 다음과 같이 주장하였다.[8]

첫째, 북한은 경제 발전에 대한 잠재력이 크며, 중요한 교량 위치에 있다.

둘째, 주변 강대국들은 모두 한반도의 현상 유지에 대한 희망을 가지고 있다.

셋째, 한국이 주도해 통일이 된다면 한국과 중국 사이에 영토 분쟁이 발생할 것이다.

종종 상황의 흐름 때문에 원치 않아도 전쟁을 하게 되는 경우가 있다. 상황이 두 세력을 전쟁으로 끌어들이게 한다.

이것이 투키디데스의 함정이다.

그레이엄 엘리슨 교수는 다음과 같이 조언한다.

"전쟁을 피할 방법을 찾아라. 평소처럼 해서는 투키디데스의 함정에서 벗어날 수 없다. 상상력, 독창성, 융통성이 필요하다."

북핵 위기와 한미동맹

북핵위기와 북미정상회담

1차 북핵 위기

1989년 미국 정찰위성이 북한 영변원자력연구소의 플루토늄 재처리시설을 확인하였으며, 1993년 북한이 핵확산금지조약(NPT)을 탈퇴하였다. 이에 따라 북한과 미국 사이에 군사적 충돌 위기가 고조되었으나 제네바 합의를 통해 가까스로 마무리된다.

2차 북핵 위기

- 2006년 10월 9일 1차 핵실험
- 2009년 5월 25일 2차 핵실험
- 2013년 2월 13일 3차 핵실험
- 2016년 1월 16일 4차 핵실험

- 2016년 9월 9일 5차 핵실험
- 2017년 9월 3일 6차 핵실험, 수소탄 실험 성공

6차 핵실험인 수소탄 실험은 1945년 8월 히로시마에 투하된 원자폭탄에 비해 10배 이상의 위력을 갖고 있다. 김정은은 수소탄 실험을 두고 다음과 같이 언급했다.

"수소탄의 폭음은 간고한 세월 허리띠를 조이며 피의 대가로 이루어 낸 조선 인민의 위대한 승리다."

남북 교류협력

- 1971년 남북적십자회담 파견원 접촉: 최초의 남북대화
- 1972년 7.4남북공동성명: 자주, 평화, 민족대단결의 통일 3원칙 선언과 상대방에 대한 중상, 비방 금지
- 1985년 제8차 남북적십자회담: 이산가족 상봉, 이산가족 고향방문단과 예술공연단의 서울-평양 동시 교환 방문 진행
- 1991년 남북기본합의서 채택: 7.4남북공동성명 원칙을 재확인, 상호 체제 인정, 화해 · 불가침 · 교류협력 등 3개 분야의 남북기본합의서 부속 합의서, 한반도 비핵화에 관한 공동선언
- 2000년 남북정상회담: 6.15남북공동선언, 분단 이후 최초로 평양에서 김대중 대통령과 김정일 위원장이 6.15 남북공동

선언 발표. 남북한이 현 체제를 인정하고, 평화적으로 공존하면서 교류 협력을 통해 점진적 통일 실현
- 2007년 남북정상회담: 10.4 남북정상선언문, 평양에서 노무현 대통령과 김정일 위원장이 만나 정전체제 종식과 항구적 평화체제 구축을 위해 종전선언 문제 협력

남북정상회담: 문재인 대통령

- 1차 남북정상회담: 2018년 4월 27일 판문점선언

문재인 대통령과 김정은 북한 국무위원장은 판문점선언을 통해서 "남과 북은 완전한 비핵화를 통해 핵 없는 한반도를 실현한다는 공동의 목표를 확인하였다."

- 2차 남북정상회담: 2018년 5월 26일

판문점 통일각에서 깜짝 정상회담이 열렸다.

- 3차 남북정상회담: 2018년 9월 18일 평양공동선언

평양공동선언에서 "남과 북은 한반도를 핵무기와 핵 위협이 없는 평화의 터전으로 만들어 나가야 하며 이를 위해 필요한 실질적인 진전을 조속히 이루어 나가야 한다는 데 인식을 함께 하였다."

유관국 전문가들의 참관 아래 북한의 동창리 엔진시험장, 미사일 발사대를 영구적으로 폐기하고, 미국이 6.12 북미공동성명에 따라 상응하는 조치를 취할 시에 영변핵시설의 영구적 폐기와 같

은 추가 조치를 하겠다는 용의를 표명하였다. 아울러 남과 북이 완전한 비핵화를 위해 긴밀히 협력한다고 합의하였다.

북미정상회담

- 2018년 6월: 북한-미국 싱가포르회담. 리얼리티 쇼^{Reality show}로, 보여주기식 행사였으며 성과는 없었다.
- 2019년 2월: 북한-미국 하노이정상회담.

미국 트럼프 대통령과 북한의 김정은이 정상회담을 하였으나 노딜로 끝났으며 북한의 비핵화는 실패로 막을 내렸다.

북한과 미국의 하노이정상회담이 노딜로 끝난 이유는 북한은 영변 핵시설을 북핵의 90%라고 주장하였으나 미국은 50% 수준으로 이해하였기 때문이다.

한미 정보당국은 미국의 KH-12 정찰위성과 한국의 탈북자 신문을 통해 영변 핵시설 외곽에 지하 비밀 핵시설이 있다고 파악하고 있었으므로 미국은 분강과 강선 우라늄농축공장을 포함하여 영변군 전체의 핵시설을 영변핵시설로 보고 사찰을 주장하였으나 북한이 이를 받아들이지 않았기 때문이다.[9]

2019년 2월 말 하노이 북미정상회담이 빈손으로 끝난 뒤 북한은 그해 12월 당 전원회의에서 정면돌파전을 결의하였다. 그리고

2021년 1월 8차 당대회를 통해 핵전쟁 억제력을 보다 강화하면서 최강의 군사력을 키우는 데 모든 역량을 기울여야 한다며 사실상 핵무력 강화를 예고했다. 그리고 미국에 대해 강 대 강, 선 대 선 원칙을 내세우며 대북 적대정책 철회를 요구하였다.

또한 핵추진 잠수함과 극초음속 무기개발을 천명하고 개량화된 소형 전술핵무기를 개발하겠다고 했다. 핵무력 증강을 포함해 국방력 강화를 천명한 것이다. 이는 한반도의 안보와 동북아 평화에 역행하고 긴장을 초래하는 것이어서 다시 북한의 안보 위협에 대한 우려가 높아지고 있다.

미국과 UN의 대북제재

UN 안보리는 1993년 3월 북한이 핵확산금지조약(NPT) 탈퇴를 선언한 후 지금까지 모두 11건의 대북제재를 결의하였다. 역대 미국 행정부의 대북제재는 470여 건에 이른다.

UN 대북제재결의안은 2006년 7월 결의안 1695호를 시작으로 북한 핵과 미사일, 대량살상무기(WMD) 개발금지와 관련 자금 동결, 기술이전 금지 등을 권고하는 수준의 결의안이었으며, 2015년까지는 대부분 미사일 부품 등 군수용품 및 사치품을 제한하는 부분적인 비경제제재였다.

버락 오바마 정부는 8년간 대북정책 기조로 전략적 인내 정책을 시행하였다. UN 안전보장이사회 차원의 제재 등 경제적 압박을 지속하며 북한의 붕괴를 기다린다는 정책이다. 중국을 통한 대북 압박의 강화와 미사일방어망 구축, 한·미·일 공조체제 구축 등을 통해 압박하면서 북한이 선제적으로 비핵화에 나서야만 대화에 나설 것이라는 정책 기조였다.

그러나 오바마 정부의 전략적 인내는 오히려 북한을 방치함으로써 북한의 핵개발과 탄도미사일 발사 능력을 제고시키는 결과만 낳고 말았다.

2016년 이전 대북제재는 핵과 미사일 개발에 필요한 부품의 조달을 차단하는 직접적인 제재 형태였다. 그러나 북핵과 미사일 실험이 국제적 이슈가 된 2016년 이후 UN의 대북제재는 북한의 돈줄을 죄는 경제제재로 성격이 근본적으로 달라진다. 즉 2016년 4차 핵실험 이후 결의안 2270호를 기점으로 북한의 돈줄을 막아 경제를 옥죄는 간접 제재에 집중하였고, 이와 같은 경제제재를 통해 그 효과가 나타나기 시작하였다.

북한은 그동안 종전선언과 주한미군 철수 등 안보 이슈가 우선적인 관심 대상이었지만 경제제재 이후에는 이를 풀기 위한 협상에 나서게 되었는데, 이는 경제제재가 북한의 민생과 국가 경제를 흔들고 있기 때문이다.

미국의 대북제재 470건 중 240건은 트럼프 행정부에서 시행되었다. 이로써 최고 수준의 대북제재로 인해 북한을 협상장으로 나오도록 했다는 트럼프의 주장이 일정 부분 사실로 증명되었다.[10]

경제제재의 성공 사례: 베트남

1975년 미국은 15년에 걸친 군사적 충돌로 57,000여 명이 사망한 베트남 전쟁에서 패배해 철수하였지만 10년 동안 이어진 경제봉쇄로 결국 베트남은 백기를 들고 투항을 할 수밖에 없었다.

미국은 1975년 사이공이 함락된 이후 베트남이 '도이모이정책'을 시행하기까지 10년에 걸쳐 경제봉쇄를 실시했으며, 경제위기에 빠진 베트남은 결국 1986년 독재자 레주언이 사망한 후 '도이모이정책'을 시행하게 되었던 것이다. 이는 공산당이 권력을 유지하면서 경제체제는 시장경제를 도입하는 것을 말한다.

베트남은 도이모이정책 시행 이후 1990년대 중반부터 약 10여 년에 걸쳐 단계적으로 미국과의 무역 관계를 정상화하였으며, 미국의 경제봉쇄 해제 시기(1994~1995), 국교정상화 시기(1996~2001), 양자 간 무역협정체결 시기(2002~2006), 미국과 항구적 정상적 교역 관계 수립 시기(2007~)를 거쳐 2006년 WTO에 가입함으로써 정상

교역 국가가 되었다.[11]

베트남은 2018년 12월 30일 발효된 포괄적·점진적 환태평양 경제동반자협정(CPTPP; Comprehensive and Progressive Agreement for Trans-Pacific Partnership)에 참여하고 있으며, 한국을 포함한 15개국이 참여하고 있는 역내 포괄적 경제동반자협정(RCEP; Regional Comprehensive Economic Partnership)에도 참여하고 있다.

CPTPP는 11개국, 즉 베트남과 뉴질랜드, 싱가포르, 칠레, 브루나이, 말레이시아, 페루, 호주, 멕시코, 캐나다, 일본이 참여하는 아시아 태평양 지역의 관세 철폐와 경제 통합을 목표로 추진된 경제협력체이다. 그리고 RCEP는 캄보디아, 라오스, 미얀마, 인도네시아, 필리핀, 태국, 싱가포르, 브루나이, 말레이시아, 베트남이 속한 동남아시아국가연합(ASEAN) 10개국과 한국, 중국, 일본, 호주, 뉴질랜드를 포함한 총 15개국의 관세장벽 철폐와 무역자유화를 목표로 하는 세계 최대의 자유무역협정(FTA)이다.

미국은 경제제재를 통해 베트남을 자유시장경제 체제의 국가로 이끌어 낼 수 있었던 경험을 통해 베트남식 모델을 북한에 적용하고자 하고 있다.

2021년에 들어서면서 미국은 인도·태평양 지역 전략에 따라 미국, 인도, 일본, 호주 등 4개국이 참여하고 있는 비공식 안보회의체인 쿼드Quad를 쿼드 플러스로 확대하고자 하고 있다. 미국은 한국, 뉴질랜드, 베트남의 가입 또한 요청하고 있는데, 15년에 걸쳐 전쟁을 치렀던 베트남에게 인도·태평양 지역 안보회의체 쿼드 플러스에 가입하도록 요청하고 있다는 사실은 베트남을 자유 시장 경제체제의 국가로 성공적인 변화를 이끌어 낸 상징성을 보여 주는 것이다. 즉 미국은 북한의 비핵화를 베트남식 경제제재를 통해 이끌어 내고자 하는 것이다.

바이든 시대의 한미동맹

2021년 1월 20일 조 바이든 대통령이 미국 46대 대통령으로 취임했다. 바이든의 외교정책 기조는 트럼프의 미국 우선주의와 달리 미국이 주도하는 다자주의이다.

대북협상 방식도 톱다운top down 방식이 아니라 바텀업bottom up 방식을 선호하고 있다. 대중국 외교에 대해서도 관세 보복 등 독자적인 제재를 선택했던 트럼프와 달리 동맹국과 더불어 공동 대응을 기조로 하고 있다. 이에 따라 주한미군에 대해서도 병력 감축 등 무리한 압박은 하지 않을 것으로 예측된다.

이러한 미국의 외교정책 기조 변화에 따라 방위비분담금 협상, 주한미국 감축, 2022년 5월로 예정된 전시작전통제권 이양, 쿼드 플러스 참여, 기간통신망 구축에 있어 화웨이를 비롯한 중국 기업 제품의 사용을 금지하는 클린 네트워크 동참 등 한국과 미국 사이에 얽혀 있는 주요 이슈에 대한 요구도 달라질 것으로 예측된다.

바이든은 그동안 한반도 문제에 대해 다음과 같은 입장을 견지해 왔다.

"북핵문제 해결을 위해 긴밀히 협력하고, 기후변화, 코로나 대응 등 여러 방면에서 긴밀히 협력하겠다. 한미동맹은 인도·태평양 지역의 린치핀linchpin으로서 한미동맹을 강화하고, 방위공약을 확고히 유지하겠다."

바이든이 언급한 린치핀은 바퀴가 축에서 빠지지 않도록 고정하는 핵심 부품이다. 바이든이 한국을 '인도·태평양 지역의 린치핀'이라고 강조한 것은 대중국 강공노선을 계속 유지하겠다는 메시지로 분석된다.

바이든은 일본 스가 요시히데 총리와의 통화에서도 "인도·태평양 지역 안전과 번영의 주춧돌(cornerstone)로서 미일동맹을 강화하겠다"고 말했다. 미일동맹을 이 지역 안보의 주춧돌로 인식하고 있음을 보여 준 것이다.[12]

국제 질서는 자국의 이익에 따라 급변하게 마련이지만 한국의 안보는 한미동맹을 기본 축으로 삼고 있다. 국제정치에서 무임승차(free-rider)는 없다는 것이 정설이므로 바이든 행정부가 가치 동맹으로서 한국의 역할을 확대하도록 요구하게 될 것은 분명하다.

중국 견제를 목적으로 구성된 미국, 일본, 인도, 호주의 협의체인 쿼드는 2021년 3월 12일 화상회의를 통해 첫 정상회담을 개최했다. 조 바이든 미국 대통령, 스가 요시히데 일본 총리, 나렌드라 모디 인도 총리, 스콧 모리슨 호주 총리 등 쿼드 정상들이 화상을 통해 정상회담을 한 것이다.

바이든 대통령이 쿼드를 조기 개최하는 다자회의 중 하나로 마련했다는 사실은 인도·태평양 지역에서 동맹과의 긴밀한 협력을 중요한 가치로 여기고 있음을 잘 보여 준다.

그래서 반중 연합전선인 쿼드 플러스 참여에 미온적으로 대응했던 한국에 대해서도 미국은 반중국 전선에 동참하도록 하는 요구를 강화할 것으로 예측되는 것이다.

한미 양국은 2021년 3월 10일, 11차 한미 방위비분담금(SMA) 협정을 총 6년 계약으로 체결했다. 2020년 방위비분담금은 2019년과 같은 1조 389억 원으로 동결하기로 했고, 2021년 방위비분담금은 전년 대비 13.9% 인상된 1조 1,833억 원으로 결정되었다. 2022년부터 2025년까지는 매년 전년도 한국 국방비 증가율만큼 인상하기로 함으로써 2022년 방위비분담금은 2021년 국방 예산 증가 비율인 5.4%만큼 오르게 되는데, 도널드 트럼프 전 대통령이 요구했던 50억 달러(5조 7,000억 원 가량) 규모의 과도한 분담금은 아니지만 방위비분담금 인상률을 한국 국내총생산(GDP)이 아닌 국방비 증가율과 연동했다는 점에서 부담이 늘어나게 된 것도 사실이다.

따라서 단기간 내에 주한미군 감축은 없을 것으로 예상되고, 2022년 5월로 예정되어 있는 전시작전통제권 이양에 대한 변화 그리고 북한에 대한 유화책에 따라 축소한 한미연합훈련도 다시 활성화될 것으로 전망된다.

한편, 미국은 일본이 주도하고 있는 CPTPP 복귀를 통해 중국을 견제하려 하고 있다. 즉 미국이 CPTPP에 복귀하면 동맹국들과 중국에 대한 경제 포위망을 형성하고자 할 것이며, 이 경우 한국이 CPTPP에 가입하지 않는다면 상대적으로 미국에 대한 수출 경쟁력에 타격을 입게 될 가능성이 있다. 한국 정부도 CPTPP 참여에 대해 적극적으로 검토하여야 하는 이유다.

.

다원적 평등의 시대

다원적 평등을 말한다

칼 하인리히 마르크스Karl Heinrich Marx는 자본가인 부르주아가 장악하고 있던 생산수단을 노동계급인 프롤레타리아가 소유하게 될 것이며, 따라서 프롤레타리아가 생산수단을 공유하고 생산물도 공유하는 공산사회가 오리라고 믿었다. 20세기 초에는 소련을 비롯해 이와 같은 공산주의 사상을 추종하는 국가들이 등장하게 된다.

이러한 사상을 바탕으로 1945년 제2차 세계대전 이후 자본주의를 신봉하는 세계와 프롤레타리아 독재를 꿈꾸는 세계로 나뉘어 1989년 베를린장벽 붕괴와 1991년 소련 해체로 자본주의 체제가 승리하여 신자유주의 시대가 열리기까지 냉전시대가 이어진다.

마르크스는 능력껏 일하고 필요에 따라 분배하자고 주장하였다.

그러나 마르크스의 주장은 분배에 대한 정의라기보다는 새로운 지배계급이 되기 위한 계급투쟁의 성격을 갖고 있었으며, 모든 것을 필요에 따라 분배하는 단순 평등을 옹호하였다.

하지만 인간은 필요라는 단순한 분배기준에 따라 모든 것이 분배되는 단순 평등에 대해 만족하지 않는다. 내 노력에 대한 정당한 몫, 정당한 보상을 요구한다.

대부분의 사회적 갈등 또한 정당한 보상을 받지 못하는 데서 비롯된다. 정치권력, 공직, 경제적 이익, 교육, 명예, 의료혜택 등 우리가 살아가는 데 있어서 필요한 모든 영역에서 정당한 몫을 요구하며, 이는 복지 체계, 시장, 관청, 가족, 학교, 국가가 다른 원칙들에 의해 운영되어야 한다고 믿기 때문이다.

하버드대학 마이클 왈쩌Michael Walzer 교수는 『정의와 다원적 평등』에서 단일한 분배기준이 아니라 각각의 가치 영역에서 각각의 분배기준에 의해 자율적으로 분배되어야 한다고 주장하였다.

가치의 영역을 세분화하여 서로 다른 가치 영역에서는 서로 다른 기준에 의해 분배되어야 한다. 즉 특정 가치 영역에서 지니는 지위를 가지고 다른 가치 영역을 침해하면 안 된다고 주장한다.

"어떠한 사회적 가치 x도 x의 의미와는 상관없이 단지 누군가가 다른 가치 y를 가지고 있다는 이유만으로 y를 소유한 사람들에게 분배되어서는 안 된다."[13]

예를 들어 안전과 복지라는 가치 영역에서의 분배기준은 필요가 되는 것이고, 돈과 상품이라는 가치 영역에서의 분배기준은 자유 교환이 되는 것이고, 권력이라는 가치 영역에서의 분배기준은 토론과 민주주의가 되는 것이다. 공직이라는 가치 영역에서의 분배기준은 업무를 담당할 수 있는 자격과 기회의 공정성이 되는 것이며, 기초교육이라는 가치 영역에서의 분배기준은 사회적 특수성과 평등이 된다. 즉 마이클 왈쩌 교수는 권력, 재화, 안전과 복지, 공직, 교육 등 다원화된 가치 영역을 정의하고, 다원화된 분배기준에 따라 분배를 하자고 주장한다.

사회적 가치는 무수히 많은 다양한 방식으로 분배되고 있으며, 특정 가치 영역의 분배기준이 모든 가치 영역의 분배 문제를 해결하는 것은 불가능하다. 마르크스가 주장한 것처럼 능력껏 일하고 필요에 따라 분배하는 세상은 안전과 복지에 대한 분배기준으로서는 가능하나 정치 권력과 경제적 부에 대한 분배기준은 되기 어렵다.

인류의 역사는 이러한 다양한 사회적 가치들을 존중하지 않았다. 권력을 가지고 있는 자들은 지배하고 독점하고자 하였으며, 오히려 이러한 지배 가치에 대한 독점적 통제를 통해 지배계급이 되고자 하였다.

지배계급은 자신의 집단에서 통용되는 분배기준을 이데올로기로 삼아 지배적 가치를 소유하고자 하였다. 귀족들은 혈통을 내세웠고, 성직자는 신의 대리자임을 내세웠으며, 자본가는 돈이라는 기준을 내세워 지배계급이 되고자 하였다. 북한에서는 백두혈통이 지배계급이 되는 것이고, 자본주의 사회에서는 돈을 이용해 자본가와 재벌이 지배계급이 되고자 한다.

그러나 마이클 왈쩌는 안전과 복지는 마르크스의 주장처럼 필요에 따라 분배되어야 하지만 권력은 토론과 민주주의를 통해 분배되어야 한다면서 권력에 의해 안전과 복지를 먼저 분배받아서도 안 되고, 돈과 상품, 공직과 교육의 기회를 먼저 분배받아서도 안 된다고 주장한다.

마찬가지로 자본주의가 지배 이데올로기가 된 시대에 자본의 힘이 비대해짐으로써 경제적인 부가 다른 영역을 지배하는 것 역시 우려하였다. 경제적인 부가 정치권력을 지배하고, 안전과 복지, 교육, 공직을 지배하고자 해서도 안 되는 것이다. 즉 어떤 가치 영역에서 우월한 지위를 가지고 있는 사람이 다른 가치 영역의 재화를 쉽게 소유하게 되는 전제는 반대한다.

그래서 어떤 가치 영역에서의 지배적 가치는 평등하게 공유되어야 하며, 소수집단이 독점하면 안 된다. 또한 그 지배적 가치는 자율적으로 분배할 수 있는 길이 있어야 한다. 각자의 영역에서 각자의 기준으로 자율적 분배가 가능해야만 한다.

귀족, 토호, 산업화세력, 민주화세력, 운동권세력, 시민운동가, 특정 계파 등 일부 특정 세력이 정치권력을 독점해서도 안 되고, 이들이 정치권력을 이용해서 다른 영역인 교육, 경제, 공직, 안전, 복지 등을 침해해서도 안 된다. 재벌이 경제적 부를 독점해서도 안 되고, 재벌이 경제적 부를 이용해서 다른 영역인 정치권력, 교육, 공직, 안전, 복지 등을 침해해서도 안 된다. 엘리트들이 교육의 기회를 독점해서도 안 되고, 엘리트들이 교육을 이용해서 다른 영역인 정치권력, 경제적 부, 공직, 안전, 복지 등을 침해해서도 안 된다. 북한의 지배계급인 백두혈통이 정치권력을 독점해서도 안 되고, 백두혈통이 정치권력을 이용해서 다른 영역인 교육, 경제, 공직, 안전, 복지 등 모든 영역을 침해해서도 안 되는 것이다.

그래서 갈등을 해소하고 정의를 실현하는 길은 더 많은 사람이 가치의 다원성을 이해하고, 사회 각 가치 영역의 자율성을 존중하는 것이다. 즉 다양한 가치 영역들을 파악하고, 각각의 가치들이 서로 어떻게 구분되는지 확인해야 한다.

서로 구별되는 가치들이 확인되고 고유한 영역이 확인되면 그 가치를 어떻게 분배할 것인지, 필요에 의해 분배할 것인지 자격과 기회의 공정성으로 분배할 것인지, 토론과 선거를 통해 분배할 것인지 등등 각각의 분배기준을 정할 수 있다. 사회적 합의를 통해 이러한 가치 영역의 세분화와 각각의 분배기준을 정할 수 있는 것이다.

이러한 사회적 합의는 공동체의 역사, 문화, 상황에 대해 이해하고 있는 정치공동체에서 해결해야 한다. 그래서 이러한 사회적 합의를 이끌어 낼 수 있는 다원적 평등위원회를 공동체 내에 구성하자고 제안한다. 즉 다원적 평등위원회를 구성하여 우리 사회에 존재하는 갈등을 해소하고, 가치 영역별로 정당한 보상이 가능한 분배기준을 합의하는 것이다.

정치권력의 분배

마이클 왈쩌 교수는 가치의 영역을 세분화하여 서로 다른 가치 영역에서는 서로 다른 기준에 의해 분배되어야 한다고 주장한다. 특히 정치권력이라는 가치 영역에서의 분배기준은 토론과 민주주의가 되는 것이라고 주장한다.

민주주의란 권력을 할당하고 그것의 사용을 정당화하는 방식이다. 권력을 할당하는 정치적 방식이므로 총구, 물질적 재화, 지위, 학위 등과 같은 모든 비정치적 가치들이 아닌 가장 설득력 있는 주장을 구사하는 시민만이 자신의 목적을 관철할 수 있어야 한다. 고대 그리스 아테네에서 행해진 추첨제 민주주의도 추첨을 통해 행정직을 분배했을 뿐 정치권력을 분배한 것은 아니었다.

민주주의에서 정치권력은 논의와 투표를 통해 분배된다. 투표는 모든 분배 활동의 기초이며, 선택이 이루어지도록 만드는 피할 수 없는 체계이다. 그러나 선택은 또한 설득력, 압력, 협의, 조직 등에 의존하기도 한다.

민주주의란 평등한 권력을 요구하는 것이 아니라 평등한 권리를 요구하는 것이다. 여기서 권리는 최소한의 권리인 투표권을 행사하도록 보장된 기회 또는 더욱 큰 권력인 연설, 회합, 청원권을 행사할 수 있도록 보장하는 기회다. 만약 권력을 잡은 후에 승자가 그들의 불평등한 권력을 패한 측의 투표권과 참정권을 차단하는 데 사용한다면 그러한 권력은 정당하지 못하다.

"우리는 당신들을 영원히 지배할 것이다."라고 말한다면, 그것은 전제정치가 되는 것이다.[14]

민주정치에서 모든 목적지는 일시적이다. 그 어떤 시민도 결코 그의 동료들을 단 한 번 만에 영구히 설득했다고 주장할 수 없다. 무엇보다 늘 새로운 시민들이 존재할 뿐만 아니라 아울러 언제나 새롭게 논의를 할 자격이 그들에게 주어져 있다. 다시 말해 그들이 전에 자제했던 논의에 참여할 자격이 주어져 있는 것이다. 이것이 정치 영역에서의 다원적 평등이 의미하는 것이다. 즉 공유되는 것은 권력이 아니라 권력에 대한 기회이다.

모든 시민은 잠재적인 참여자이며 잠재적인 정치가이다. 시민은 반드시 스스로 다스려야 한다. 시민의 지배는 은총, 돈, 관직, 교육, 가문, 혈통, 총구의 지배와 달리 전제적인 것이 아니다. 그것은 오히려 전제정치의 종말을 가리키기 때문이다.

정당의 가치 혁신과 제도화 완성

우리나라의 정당 운영 행태는 대표나 지도부 의사에 따라 규칙과 시스템이 무시되거나 무력화되는 인치적 특징을 보였던 경우가 많았다. 결국 낮은 제도화 수준은 안정성과 예측 가능성이 낮아 정당 운영에 혼란을 초래하고, 비민주적 조직으로 인식되는 계기가 된다.

정당 혁신의 기본은 가치 정립과 제도적 장치를 통한 가치실현이다. 정당 혁신의 기본적 가치는 시민의 정치 참여와 참정권을 안정적이면서도 예측 가능하도록 보장하는 것이다. 즉 모든 시민은 잠재적인 참여자이자 잠재적인 정치가로서 정당 권력에 대한 기회를 보장받아야 하는 것이다. 이것이 정당 영역에서의 다원적 평등이 의미하는 것이다.

정당 혁신을 위해서는 가치 실현을 위한 제도화로 완성해야 한다. 인치나 이해관계인에 의한 규칙 변경이 아니라 당원과 시민이 사전적으로 합의한 규칙과 시스템에 의해 운영되는 안정적 제도를 바탕으로 국민 참여의 외연을 넓혀야 한다.

미국의 노예해방을 이끈 링컨 대통령은 노예해방선언과 함께 미국연방헌법 13차 수정헌법 개헌을 통해 노예 해방을 제도로서 완성하였다. 남북전쟁이 종결된 뒤에 연방대법원에서 노예해방선언을 무효화시키거나, "링컨은 노예를 해방할 권한이 없다"고 판결한다면 그동안의 노력이 물거품으로 사라지게 될 것을 우려했기 때문이다. 그래서 반드시 1865년 남북전쟁이 끝나기 전에 개헌을 통해서 제도적으로 노예해방을 완성하고자 했던 것이다. 즉 시민의 정치 참여와 기회 보장 그리고 기회의 접근성을 담보하는 제도적 장치를 통해 시민이 스스로 다스릴 수 있어야 한다.

한반도의 정치적 위험관리

통일 대한민국의 미래 비전

북한은 풍부한 지하자원을 가지고 있다. 대한민국 지하자원 매장량의 약 25배 가치를 가지고 있으며 특히, 고부가가치 첨단산업에 사용되는 희토류는 4,800만 톤을 보유하여 매장량이 세계 2위에 자리하고 있다. 마그네사이트는 60억 톤으로 세계 3위 매장량이고, 흑연은 200만 톤으로 세계 5위 매장량이다.

이밖에 철, 텅스텐, 아연 등 많은 지하자원을 풍부하게 보유하고 있으며, 대한민국이 주로 수입에 의존하고 있는 희토류와 철광석, 구리, 아연 등을 북한에서 개발하여 사용한다면 자원강국으로서 통일 대한민국의 국력은 다시 한번 도약할 수 있을 것이다.

아울러 북한의 인구는 2019년 기준 2,600만 명이다. 대한민국의 인구 5,200만 명과 북한의 인구 2,600만 명을 합치면 인구 7,800만 명으로 세계 인구 20위 권의 인구대국이 된다. 저출산 고령화로 생산가능인구가 지속적으로 감소하고 있는 대한민국이 북한의 풍부한 노동력을 이용할 수 있다면 생산가능인구의 증가와 내수시장 확대로 경제적인 활력을 회복할 수 있을 것이다.

통일은 대한민국이 세계를 리드하는 경제대국으로 도약하고 성장하는 발판을 제공할 엄청난 이슈다. 북한의 저임금 노동력, 풍부한 지하자원이 세계 경제 10위 권인 대한민국의 자본력과 결합된다면 통일 대한민국의 경제는 아시아를 넘어 세계 경제를 선도하는 경제대국으로 성장할 충분한 잠재력을 가지고 있다.

또한 통일 대한민국은 국토를 효율적으로 이용하고, 지역을 균형 있게 발전시키며, 국방비를 절약하여 복지, 교육, 문화 등으로 투자를 확대하여 삶의 질을 높일 수 있고, 또한 민족의 동질성을 회복하고 동북아의 평화와 안정을 가져와 세계평화에 기여할 수 있는 기회를 잡을 수 있게 된다.

그러나 한반도를 둘러싸고 있는 국제정치 현실은 냉혹하다.

중국은 통일 대한민국을 뒤통수의 망치로 인식하고 있으며, 일본도 자국의 심장을 겨누는 단도로 생각하며 남북통일에 대해 비우호적인다.

한편, 투키디데스의 함정에 빠진 미국과 중국의 패권 경쟁은 더욱 심해질 것으로 예측되며, 그 트리거는 북한이 될 가능성이 높다. 북미정상회담이 실패로 끝나면서 북한이 핵개발을 포기하지 않을 것이라는 점이 점점 더 분명해지고 있고, 이에 따라 미국과 UN의 대북 경제제재는 더욱 심화될 가능성이 높다.

조 바이든 대통령의 취임으로 미국 외교정책은 다자주의로 전환되고 있다. 미국은 바이든 대통령 취임 이후 일본과 연합군사훈련을 실시하였으며, 쿼드연합훈련, 미국-말레이시아연합훈련, 미국-필리핀연합훈련 등 중국 주변국들과의 군사훈련을 통해 중국을 압박하고 있다.

이런 면에서 볼 때 쿼드 플러스 참여에 미온적인 반응을 보여온 한국에 대한 연합전선 동참 요구가 더욱 강해질 것으로 보이므로 이에 대한 대책이 필요하다.

2021년 5월 21일 문재인 대통령과 조 바이든 미국 대통령이 한미정상회담을 통해 한미미사일지침을 해제했다. 한미미사일지침은 한국과 미국이 체결한 탄도미사일 개발 규제에 대한 지침을 말한다. 1979년 박정희 대통령이 미국으로부터 미사일 기술을 이전받기 위해 처음으로 합의했으며, 이후 총 4차례의 개정을 통해 미사일의 사거리와 탄두 중량이 차츰 늘어나다가 마침내 최대 사거리 및 탄두 중량 제한을 완전히 해제하면서 한국은 미사일 주

권을 확보하게 되었다.[14-1]

따라서 한미미사일지침 해제로 대한민국의 국방력과 안보 역량은 크게 강화될 것으로 전망된다. 고체연료 사용으로 사정거리 제한이 없는 미사일을 보유할 수 있게 됨으로써 북한은 물론이고 중국과 일본 등 주변국의 위협에 대항하기 위한 국방력을 강화하는 데 방해가 되었던 족쇄가 풀린 것이다.

또한 한미미사일지침 해제는 우리나라의 우주산업 발전에도 크게 기여하게 될 것이다. 국제우주정거장(ISS) 프로젝트에 참가하지 못했던 아쉬움을 가지고 있는 우리나라로서는 최대 사거리 및 탄두 중량 제한의 해제를 통해 인공위성 제작기술이 크게 발전하게 될 것이고, 우주개발 관련 산업의 수출 기회도 확대될 것으로 전망된다.

한편, 미국은 일본이 주도하고 있는 CPTPP 복귀를 통해 중국을 견제하고자 할 가능성이 높다. 따라서 이 경우, 한국이 가입하지 않는다면 상대적으로 대미 수출경쟁력에 타격을 입게 될 가능성이 있다.

영국, 중국, 대만, 태국 등도 가입에 관심을 표명하고 있으며, 한국 정부 또한 CPTPP 가입에 대비해 대책을 검토하고 있는 중이다.

또한 주한미군 감축, 전시작전통제권 전환, 쿼드 플러스 참여,

클린 네트워크 동참 등 한국과 미국의 주요 현안에 대해서도 굳
건한 한미동맹을 기본으로 적극적인 대응에 나서야 할 것이다.
통일 대한민국이 되기까지는 북한의 비핵화를 유도하는 튼튼한
안보만이 곧 평화이고 경제이기 때문이다.

CHAPTER 2

SOCIETY
사회적 파도

기후위기와 인류세시대

거대한 가속

20세기가 시작된 한반도를 문명사적으로 보면 개화기요, 민족사적으로 보면 일제강점기로 분류할 수 있으나 지질학적으로 보면 홀로세시대이다.[15]

그렇다면, 현재 우리 인류가 살고 있는 시대, 즉 콘크리트, 플라스틱, 미세먼지, 치킨, 신종 전염병으로 가득한 이 세상을 표현할 수 있는 단어를 찾는다면 무엇일까?

'인류세시대'라고 할 수 있다.

지질시대는 누대-대-기-세-절로 분류된다. 공식적으로 현재의 지질시대는 신생대 제4기 홀로세이다. 홀로세는 약 17,000년 전에 시작되어 현재에 이르고 있으나 산업혁명 이후 인간 활동이 지구환경이나 지구 역사에 큰 영향을 주기 시작한 시기부터 현재까지의 시간을 홀로세와 구별되는 새로운 지질시대의 개념으로서 인류세라고 명명하자는 것이 핵심 담론이다. 지구 역사에 비해 극히 짧은 기간 존재해온 인간의 행위로 인하여 지구에 엄청난 변화가 일어나게 되었기에 이 시기를 따로 분리하여 명명하자고 제안한 것이다. 네덜란드 대기과학자 파울 크뤼천Paul Jozef Crutzen이 주장하였다.

한편 『호모데우스』의 저자 유발 하라리Yuval Noah Harari 예루살렘히브리대학 교수는 저서를 통해 호모사피엔스가 등장한 7만 년 전부터를 인류세시대로 칭하자고 주장했다. 유인원 중 한 종에 불과한 호모사피엔스가 7만 년 동안 지구 생태계를 유례가 없는 방식으로 완전히 바꾸어놓았기 때문이라는 것이다.

1995년 노벨 화학상 수상자로서 인류세 주장으로 더 큰 명성을 얻은 파울 크뤼천은 윌 스테폰 그리고 미국 조지타운대학의 존 맥닐과 함께 인류 역사에 관한 연구 결과를 발표하였다. 세계 인구, 도시 인구, 실질 GDP, 에너지 사용, 비료 소비, 종이 생산, 교통 수단, 댐 건설과 사용 등 사회경제적 변화지표 12개와 이산화탄소, 성층권 오존, 지구 표면 온도, 열대우림 손실, 해양 산성화, 해양어류 포획, 생물 다양성 감소 등 지구 시스템에 관한 지표 12개를 시계열적으로 분석한 것이다.

이 분석 결과에 따르면 모든 지표가 산업혁명부터 1950년까지는 완만한 상승세를 보이고 있으나 1950년 이후로는 모든 지표가 가파르게 상승한다. 세 사람은 이러한 지구의 가파른 경향성을 '거대한 가속(The Great Acceleration)'이라 칭하고, 인류가 지구를 급격하게 변화시키는 힘으로 작용하고 있다는 사실을 과학적으로 증명하였다.

그들은 지구 시스템의 안정성에 변화가 생겼음을 EBS 다큐프라임 「인류세-인간의 시대」에서 이렇게 이야기하고 있다.

"지구는 잘 갖춰진 통합적이고 복잡한 시스템이다. 남극, 북극, 열대우림, 사막 등 각 부문 사이에서 대기 순환, 탄소 순환, 물의 순환, 해양 순환 등 다양한 순환 사이클이 작동하면서 안정적인 상태를 유지한다. 그러나 거대한 가속은 지구 시스템의 변화 비율을 통제 불가능한 상황으로 만들었고, 결국 지구 시스템은 홀로세의 안정적인 상태를 벗어나게 되었다. 그 결과로 호주에서 일어난 거대한 화재와 같은 기후위기로 나타나고 있다."[16]

대멸종의 시대는 다시 오는가

지구 역사는 46억 년 전 시작된다. 지구 역사를 구분해보면 크게 선캄브리아대, 고생대, 중생대, 신생대 3기, 신생대 4기로 구분할 수 있다. 좀 더 자세히 구분해보면 고생대는 캄브리아기, 오르도비스기, 실루리아기, 데본기, 석탄기, 페름기로, 중생대는 트라이아스기, 쥐라기, 백악기, 신생대 3기는 팔레오세, 에오세, 올리고세, 마이오세, 플라이오세, 신생대 4기는 플라이스토세, 홀로세, 인류세로 구분된다.

현재 우리 인류는 신생대 4기에서 4번의 빙기와 3번의 간빙기를 지나 마지막 빙기인 뷔름 빙기 이후에 있다. 앞으로 지구상에 5번째 빙기가 온다면 우리는 4번째 빙기인 뷔름 빙기와 5번째 빙기 사이인 간빙기에 살고 있다고 볼 수 있다.

그러나 앞으로 더이상 빙기가 오지 않고 지구온난화로 빙하가 녹는다면 해수면 상승 같은 물의 심판이 다가올 수도 있다. 그렇게 된다면 베네치아, 암스테르담, 플로리다의 많은 지역이 물속으로 사라지게 될 것이다.

『대멸종 연대기』의 작가 피터 브래넌Peter Brannen에 따르면 지구 역사에는 그동안 5번의 대멸종이 있었다.

첫 번째 대멸종은 약 4억 4,500만 년 전 고생대 오르도비스기 말 오소세라스 같은 앵무조개류와 삼엽충이 번성하던 시기에 발생했다. 이 시기에 빙하기 도래와 화산 폭발 등으로 해양생물 50%와 해양 무척추동물 100여 과가 멸종하였다.

두 번째 대멸종은 3억 7,000만 년 전 고생대 데본기 후기 원시 어류가 살던 시기에 발생했다. 이 시기에 빙하기 도래와 운석 충돌로 약 75% 종이 멸종하였다.

세 번째 대멸종은 2억 5,200만 년 전 고생대 페름기 말에 발생했다. 이 시기에 지구온난화, 운석 충돌, 화산 폭발 등으로 해양 생물종의 96%와 육상 척추동물의 70% 이상이 멸종하였다. 지구 역사상 가장 큰 멸종의 시기이다.

네 번째 대멸종은 약 2억 100만 년 전 중생대 트라이아스기 말 공룡이 출현해 번성하던 시기에 발생했다. 이 시기에 대규모 화산 폭발, 지구 사막화 등으로 80% 종이 멸종하였다. 공룡, 익룡, 악어를 제외한 대부분 파충류가 이 시기에 멸종하였다.

다섯 번째 대멸종은 약 6,600만 년 전 중생대 백악기 말에 발생했다. 이 시기에 운석 충돌, 대규모 화산 폭발 등으로 76% 종이 멸종하였다. 또한, 이 시기에 중생대의 주인인 공룡이 멸종하였다.[16]

과학자들은 현재 지구는 여섯 번째 대멸종의 위기를 향해 전진하는 중이라고 말한다. 약 100년 전부터 플라스틱이 쌓이고 도시는 밀집하고 있으며, 인류의 환경파괴와 기후온난화로 인해 하루 10여 종씩 멸종 중이다. 이대로 간다면 70%에 달하는 종이 멸종될 것으로 예측되고 있다.

개미 연구가인 하버드대学의 에드워드 윌슨Edward Osborne Wilson 명예교수는 지구에 과학적 이름이 붙은 종은 200만 종이고, 실제로는 1,000만 종이 존재하리라 예측하는데, 인류가 그들을 자연적 멸종 속도보다 100배 빠르게 멸종시키고 있다고 주장한다. 또한 그 속도는 점점 빨라지고 있어서 이대로 계속된다면 21세기 내에 지구에 생식하고 있는 종의 절반이 멸종될 것이라고 주장한다.

이에 에드워드 윌슨은 저서 『지구의 절반』에서 지구의 절반 운동을 제안한다. 지구의 절반을 자연보호구역으로 지정하여 지구 생태계를 유지하자는 제안이다.[17]

에드워드 윌슨과 프린스턴대학 생물학자 로버트 맥아서는 공동으로 섬 생물지리학을 창안하여 인도네시아와 인도 및 태평양 여러 섬에 대한 연구를 통해 섬의 절반을 보존하면 80% 이상의 식생을 보존할 수 있다는 결과를 얻어냈다.

그리고 이 연구 결과를 지구 전체로 확대하여 지구의 반을 보존하면 지구 생명체의 80% 이상을 보존할 수 있다는 운동을 제안하였다.

지금 지구상의 모든 생물은 인류를 두려운 마음으로 지켜보고 있는 중이다. 인류가 무슨 일을 벌이고 있는지, 인류가 대멸종의 길을 재촉하고 있는 것은 아닌지 두려운 마음으로 지켜보고 있는 것이다.

지구로부터 받은 청구서

우리가 살고 있는 지구 행성에서 일어나는 모든 행위에는 언제나 예측 불가능한 청구서가 따라오게 된다.

지구는 수량이 풍부한 행성으로, 지구 생태계는 지구를 도는 예측 가능한 물 순환의 주기에 맞춰 발전해 왔다. 지구상의 물은 수증기, 물, 얼음으로 형태와 성질을 달리하면서 대기와 지표 및 지하 그리고 바다를 순환하고 있는데, 지구상의 물이 순환하는 기간을 보면 바다에서 약 2,500년, 빙하로 1,600~9,700년, 지하수로 약 1,400년, 호수에서 약 17년, 하천에서 약 16일, 대기에 약 8일 정도를 머문다.

하지만 오늘날 생태계는 물 순환 주기의 교란으로 인해 생태계가 붕괴되고 있다. 지구온난화에 의해 온도가 1도 올라가면 공기의 수분 보유 용량이 7% 증가해 구름에 수분이 많이 쌓이고, 그로 인해 홍수, 폭설, 한파, 허리케인, 산불, 해수면 상승 등 막대한 인명과 재산 손실 및 생태계 파괴가 일어난다.

오늘날 육상 빙하의 86%는 남극 대륙에, 11.5%는 그린란드에 있다. 한반도 면적의 60배인 남극 대륙의 빙하가 모두 녹는다면 해수면이 60미터 가량 상승할 수 있다. 남한 면적의 10배인 그린란드 빙하가 모두 녹는다면 해수면이 7미터 상승하게 된다.

세계 인구의 40%가 해안 지역에 살고 있고, 3억 명은 강 하구 삼각주 지역에 거주하고 있는데, 기후온난화로 해수면이 상승하게 된다면 이들 저지대는 물속으로 사라지게 된다. 해수면이 1.3미터 상승하면 베네치아, 암스테르담, 방글라데시 등 저지대 지역들이 침수될 것이고, 해수면이 6미터 상승하면 전 세계 해안 평야, 강 하구 삼각주 지역들이 침수될 것이다.[18]

기후변화는 단순히 해수면 상승과 홍수, 폭염 등 환경문제에 그치지 않는다. 석유, 식량, 식수, 인구, 에너지, 기아, 빈곤, 전쟁, 안보 문제와도 연계되어 있다. 실제로 2010년 러시아가 가뭄으로 밀 생산량이 감소하게 될 것을 우려해 수출을 중단하자 세계 식량 가격이 폭등했으며, 이로써 가난한 사람들의 생존이 위협을 받게 되었던 것도 기후변화와 무관치 않다.

이로 인하여 결국 민주 정부를 구성하지 못해 정치적으로 불안한 중동과 북아프리카의 민중들이 봉기하였고, 아랍의 봄이 시작되었으며, 시리아는 아직도 내전에서 벗어나지 못하고 있다.

2014년 미국 국방부는 보고서를 통해 기후변화가 미국의 이익을 위협할 위험을 초래할 가능성이 있다는 분석을 내놓았다. 물리적 환경의 변화로 군사 작전의 범위와 가능성이 달라지고, 자원 부족으로 인해 국가 간에 전면전이 일어날 가능성이 커지며, 기간시설이 부족한 국가에서 전염병이 창궐하여 인접국까지 위험에 빠뜨리는 상황이 도래할 위험이 있다고 언급하면서 이런 상황들로 인해 극단적 이데올로기와 테러리즘이 만연하게 될 가능성에 대해 경고한 것이다.[19]

2018년 10월, UN 산하 과학위원회인 기후변화에 관한 정부 간 협의체(IPCC)는 〈IPCC 특별 보고서〉를 발표하였다. 보고서는 가속화되는 기후온난화와 기후위기로 인하여 지구상의 모든 생명체가 위험에 빠지게 될 가능성이 높다고 경고하면서 지구의 온도가 산업혁명 이후 섭씨 1도 올랐으며, 앞으로 섭씨 0.5도만 더 올라간다면 지구의 생태계는 파괴되고 더이상 되돌릴 수 없는 수준이 될 것으로 예측했다. 또한 지금처럼 온실가스를 계속해서 배출하면 8년 안에 지구 온도가 0.5도 추가 상승할 가능성이 있다고 경고한다.

이러한 상황들을 피하려면, 2030년까지 전 세계 온실가스 배출을 2010년 대비 45%로 줄여야 하고, 2050년까지 탄소배출 제로에 도달하여야 한다.[20]

이것은 글로벌 경제, 사회, 문화, 삶의 방식 등 인류문명 전반의 방향을 급진적으로 다시 설정해야 한다는 것을 의미한다.

지금 인류는 지구로부터 인간과 지구와의 관계를 다시 설정하도록 강력한 요구를 받고 있는 것이다.

기후위기 대응 프로세스: 파리기후변화 협약

『어린 왕자』의 작가 생텍쥐베리는 우리가 살고 있는 지구에 대해 이렇게 말했다.

"우리는 지구를 조상들에게서 물려받은 것이 아니라 후손에게서 빌려 쓰고 있는 것이다."

1987년 UN은 지속가능한 개발에 대해 다음과 같이 정의하였다.

"미래세대의 욕구를 충족시킬 능력을 손상하지 않으면서 우리 세대의 욕구를 충족시키는 개발."

국제사회는 기후위기에 대한 대응을 UN 차원에서 논의하였으며 일정은 다음과 같다.

- 1992년 리우정상회담에서 UN 지구정상회담 조직을 시작하였다.
- 1997년 교토의정서를 체결하였다. 그러나 미국, 중국은 참여하지 않았다.
- 1998년 기후변화에 관한 정부 간 패널(IPCC)이 출범하였다.
- 2007년 엘 고어 미국 부통령과 IPCC 총회 노벨평화상 공동 수상: 지구온난화에 대한 중요성을 입증한 공로를 인정받아 노벨평화상을 수상하였다.

- 2013년 녹색기후기금 사무국 인천광역시에서 출범: 2012년 우리나라는 독일, 스위스와의 유치 경쟁에서 녹색기후기금 사무국을 인천광역시로 유치하는 데 성공했다. 사무국에는 약 8천 명 이상의 UN 직원이 상주하고, 연간 120회 정도의 국제회의가 열리고 있다.
- 2015년 12월 12일 파리기후변화협약을 체결하였다. 2100년까지 지구 온도 상승을 2도 이내로 제한하고, 2020년까지 녹색기후기금을 1,000억 달러 이상으로 조성하여 개발도상국들이 기후변화협약 목표를 달성하도록 돕자고 결의하였다.
- 2017년 8월 미국 트럼프 대통령에 의해 미국은 파리기후변화협약을 탈퇴하였다.
- 2018년 10월 기후변화에 관한 정부 간 협의체(IPCC): IPCC 특별보고서 발표.
  지구온난화를 막기 위해 지구 표면 온도 2도 상승 억제가 아니라 1.5도 이내로 억제해야 하고, 2030년까지 전 세계 온실가스 배출을 2010년 대비 45%로 줄여야 하며, 2050년까지 탄소배출 제로에 도달시켜야 한다고 경고하였다.
- 2021년 1월 조 바이든 미국 대통령이 취임 후 미국은 파리기후변화협약에 즉시 복귀하였다.

기후위기에 대한 대응은 국제적 공조가 필요하며, 이에 세계 각국도 파리기후변화협약을 지키고자 노력하고 있다. EU는 2023년 탄소 국경조정세 도입을 목표로 추진 중이며, 대한민국도 2030년까지 탄소 50% 감축, 2050년에는 탄소 0%를 목표로 하고 있다.

민간 부문에서도 기후위기를 극복하기 위해 노력하고 있는데, 대표적으로 빌 게이츠는 '빌&멀린다 게이츠재단'을 통해 기후온난화 및 이산화탄소 배출을 막기 위한 새로운 에너지원 개발을 위해 노력하고 있으며, 위험하지 않은 원자력발전기술을 연구하고 있다.

또한 스웨덴의 청소년 그레타 툰베리는 기후위기에 대한 대책을 촉구하기 위해 등교를 거부하고 스톡홀름의 국회의사당 앞에서 "기후를 위한 등교 거부(school strike for climate)"라는 피켓을 들고 시위를 벌였으며, 2019년 12월 제24차 UN 기후변화협약 당사국 총회 연설에서 각국 정상들을 향해 "젊은이들의 미래를 짓밟는 배신을 계속해서 저지른다면 용서하지 않을 것이다. 우리 미래세대가 당신들을 지켜볼 것"이라고 경고하면서 기후위기 대책 마련을 위한 행동에 나설 것을 촉구하였다.

툰베리는 그해 〈타임〉지 올해의 인물로 선정된다.

기업들은 배출된 탄소를 줄이기 위해 공기 중 탄소를 땅속이나 해저에 저장하는 '포집 저장기술'을 연구하고 있다. 또한 전기차,

수소차 등의 개발과 태양광, 풍력 등 신재생 에너지 효율성 제고에 대한 투자와 연구를 지속하고 있다.

한편, 핵융합에너지 개발이라는 인류의 미래가 달린 공동 목표 달성을 위하여 EU 28개국 포함 전 세계 34개국이 힘을 합친 사상 최대의 국제공동연구개발사업이 진행되고 있는데, 이는 국제 핵융합실험로(ITER) 공동개발 프로젝트이다. 대한민국, EU(28개국), 미국, 일본, 중국, 러시아, 인도가 참여하고 있으며, 태양 에너지와 같은 원리인 핵융합에너지를 만들어 낸다는 목표를 가지고 있다. 한국, 미국, 러시아, EU, 일본, 중국, 인도 7개국은 2005년 12월 제주회의에서 공동이행협정 및 관련 부속문서에 대한 최종합의에 도달했고, 2006년 11월 참여국의 "ITER 공동이행협정"에 대한 공식 서명이 이루어졌으며, 공식적으로 2007년 10월 ITER 국제기구가 출범했다.

핵융합에너지는 거의 무한한 연료일 뿐 아니라 안전하고 깨끗한 꿈의 에너지로 불리며, ITER 프로젝트는 수십 년에 걸쳐 진행되고 있는 인류의 핵심 프로젝트이다. 1988년부터 2001년까지 14년 동안 개념 설계 및 공학 설계를 마치고 현재는 2단계에 접어들어 건설을 진행하고 있으며, 2025년에 장치 건설을 마치고 첫 번째 실험을 시작하는 것을 목표로 공사를 진행하고 있다.

우리나라는 2003년 정식으로 회원국이 되었고, 한국 핵융합에너지연구원 산하에 ITER 한국사업단을 구성하였다. ITER에서 우리나라가 맡은 조달 품목의 개발과 납품을 책임지며, 전문인력을 국제기구에 파견해 핵심기술을 확보하기 위해 노력하고 있다.

또한 우리나라는 2007년 우리 기술력으로 만든 초전도핵융합 연구장치 KSTAR을 완공 및 운영하고 있으며, 이러한 KSTAR 운영 경험과 ITER 참여로 확보된 기술을 기반으로 DEMO의 건설과 2040년대에 한국형 핵융합발전소 건설을 위해 노력 중이다.[21]

가시화되는 화석연료문명의 붕괴

아랍에미레이트 부통령과 2대 총리, 두바이 총리를 지낸 셰이크 라시드 빈 사이드 알 마크툼은 이렇게 말했다.

"할아버지는 낙타를 탔고, 아버지도 낙타를 탔고, 나는 벤츠를 몰고, 아들은 랜드로버를 굴리고, 그의 아들도 랜드로버를 굴릴 것이다. 하지만 그다음 세대의 아들은 낙타를 탈 것이다."[22]

그는 1960년대 발견된 석유를 축복이 아닌 중독과 저주로 보았고, 몇 세대 후에는 석유가 고갈되리라 생각했다. 그리고 석유에 의존하는 경제체제에 머물러 있게 된다면 석유가 고갈되는 날이 곧 심판의 날이 될 것이라고 우려하면서 두바이를 글로벌 동서무역의 중심지로 탈바꿈시키고자 노력하였다. 화석연료로 얻은 부를 장기적 관점에서 지속가능한 경제로 전환하지 못한 국가들은 커다란 혼란에 빠지게 될 것이라는 점을 예견하였던 것이다.

산업 인프라는 살아 있는 유기체이다. 태어나고 성장하고 성숙하고 쇠퇴하고 소멸한다. 그런 생애주기에 있어서 산업자본주의는 탄소경제와 함께 성장해왔다. 산업에는 석탄을 이용하는 증기기관 및 전기를 사용했고, 운송기관은 석유를 사용하였으며, 난방에는 가스를 사용했다.

지난 200년 동안 석탄, 석유, 가스를 사용하면서 인류의 기대수명은 두 배로 늘어났고, 세계 인구는 여섯 배로 증가하였으며, 세계 총생산은 더욱 큰 폭으로 늘었다. 탄소를 기반으로 하는 산업이 걸어온 길과 자본주의 체제가 지구온난화의 가장 큰 원인 중 하나라는 것은 분명하다.

탄소 버블은 이제 역사상 가장 큰 경제 버블이 될 것이다. 이제 지구온난화에 가장 책임이 있는 4대 핵심 부문, 즉 정보통신기술과 텔레콤 부문, 전력 및 전기 유틸리티 부문, 운송 및 물류 부문, 건축물 부문이 화석연료산업과 관계를 끊기 시작하였고, 그린뉴딜의 산업 인프라와 결합하고 있다. 산업의 주요 부문이 화석연료와 분리되고 점점 저렴해지고 있는 태양광, 풍력, 재생에너지 의존도를 높여가고 있다.

따라서 화석연료문명의 붕괴가 2030년 내에 현실로 드러나게 될 것으로 예측된다. 즉 모든 산업 분야를 화석연료문명 인프라로부터 신속하게 분리하여 새롭게 부상하는 그린뉴딜 산업 인프라와 결합하는 것이 그린뉴딜의 핵심이다.

그린뉴딜의 목표는 10년 내에 내수 전기 100%를 청정하고 재생 가능한 자원으로 생산하는 것이다. 따라서 에너지효율을 더욱 증대시키고 녹색기술에 투자를 늘려야 하며, 새로운 인프라의 부상에 따라 21세기 녹색경제의 구축 및 관리에 따른 인력과 일자리가 많이 필요할 것으로 예측되므로 녹색경제를 위한 직업훈련을 제공하는 데 초점을 맞추어야 한다.

이제 탄소제로 산업을 주도하는 국가는 선도자로서 앞서 나가게 될 것이다. 그러나 글로벌 흐름에 보조를 맞추지 못하는 국가는 커다란 재정적 손실은 물론 낙오의 길을 걸을 수밖에 없게 된다.

그린뉴딜 이니셔티브와 탄소배출세

2019년 미국의 노벨상 수상자 27명, 대통령 경제자문위원회 위원장 출신 15명, 연방준비제도이사회 의장 출신 4명, 재무장관 출신 2명의 인사들이 뜻을 모아 정부에 탄소배출세 제정을 촉구했다. 기업들로 하여금 탄소제로 시대로 전환하도록 독려하는 가장 빠른 수단으로 탄소배출세를 주장한 것이다. 아울러 정책 목표의 효과성을 높이기 위해 세금으로 창출되는 수익은 전액 국민에게 균등하게 환급하는 탄소배당금을 지급하라고 주장하였다.

한편 밀레니엄세대, X세대 등의 젊은 세대들 역시 근로자연금기금의 투자에서 ESG경영을 투자 평가에 반영하도록 요구하고 있다. 이로써 기업은 재무적 성과뿐만 아니라 바람직한 비즈니스라는 비재무적 성과도 동시에 추구해야 하는 상황에 놓이게 되었다. 실제로 ESG경영을 기업의 밸류체인에 반영하고 있는 기업들이 좋은 성과를 내는 모습도 나타나고 있다.

근로자연금기금은 2017년 기준 41조 3,000억 달러의 자금을 가진 세계에서 가장 큰 투자자이고, 미국의 근로자들은 25조 4,000억 달러가 넘는 연금자산을 투자한 자본가들이다. 칼 마르크스는 21세기에 이르러 세계의 노동자들이 공공 및 민간연금기금을 통해 전 세계에 투자하는 자본가가 되어 있는 현실을 결코 상상하지 못했을 것이지만 젊은 세대들이 근로자연금기금의 투자 대상에 대한 자신들의 주장을 당당하게 요구하고 있는 것이 현실이다. 이미 전 세계 37개국 1,000여 개 기관투자가들이 화석연료 산업에서 8조 달러의 기금을 빼내 녹색에너지 기술에 투자하고 있다.

또한 미국에서는 그린뉴딜을 촉진하기 위한 핵심 주제 및 이니셔티브를 논의하고 있는데, 그린뉴딜로 가기 위해 진행해야 할 23가지 핵심 주제 및 이니셔티브는 다음과 같다.[23]

미국의 그린뉴딜의 23가지 이니셔티브

1. 연방정부는 즉각적이고 전면적으로 공격적인 탄소세 인상을 추진해야 한다. 탄소세는 미국 국민들에게 일괄적으로 탄소배당금을 돌려주어야 한다.

2. 연방정부는 연간 150억 달러에 이르는 화석연료 보조금을 신속하게 삭감하여야 한다.

3. 전국 스마트산업 인프라에 원활히 동력을 제공하여야 한다.

4. 건축 환경과 건축물에 대한 태양광 및 풍력 발전설비 설치를 권장할 수 있는 세액공제와 인센티브를 제공한다.

5. 주택, 건물, 공공시설에 대해 에너지 저장시설 설치에 따른 세액공제를 제공한다.

6. 전국에 광대역 통신망과 사물인터넷(IOT)을 보급해야 한다.

7. 데이터센터 운영에 필요한 동력을 100% 재생에너지로 전환하고 세액공제를 제공한다.

8. 전기자동차 구매에 따른 세액공제 혜택과 내연기관 차량의 구매에 대해서는 차등세율을 적용해 세금을 인상한다.

9. 전기차 충전소 설치에 대한 세액공제를 제공한다.

10. 연방정부 자산을 탄소제로 그린 자산으로 전환하고 필요한 재정을 확보해야 한다.

11. 석유화학을 단계적으로 폐지할 수 있는 계획을 수립하고 실행해야 한다.

12. 농부들이 경작 한계지에 숲을 가꾸고 야생의 상태로 복원하도록 세액공제와 인센티브를 제공한다.

13. 2040년까지 모든 상수도, 하수도배관을 개선하는 작업을 진행하고 재정을 확보한다.

14. 2030년까지 모든 산업 분야에서 순환성 프로세스를 구축하도록 지시한다.

15. 과도한 군사비를 재배치하여 기후 재난 관련 대응 및 구호 임무를 위한 재정을 확보한다.

16. 전국 단위의 국립 녹색은행 설립을 위한 법률을 제정해야 한다.

17. 노동조합연금기금의 자본을 그린뉴딜 산업 인프라에 투자할 경우 가능한 모든 영역에서 노조원의 고용이 이루어져야 한다.

18. 전국의 지역사회에서 고등학교 및 대학교 졸업자에게 21세기 스마트 인력이 갖추어야 할 기술을 습득할 기회를 제공해야 한다.

19. 가장 빈곤한 지역사회에 그린뉴딜 비즈니스 기회의 우선권

을 부여하고 고용 기회와 직업훈련을 제공해야 한다.

20. 슈퍼 리치와의 격차를 줄일 수 있는 공평한 세법의 개정이 필요하다.

21. 연방정부는 재정지출 우선순위를 조정하여 연구개발에 대한 지원을 증대하여야 한다.

22. 광대역 통신망, 재생에너지 생산 및 분배, 자율주행 전기차, 탄소제로 건축물 등의 원활한 통합을 위한 규칙 기준 등을 제정해야 한다.

23. 미국, EU, 중국 등 다른 국가들과 스마트 그린 글로벌 인프라 배치 및 운영에서의 상호 연결성과 투명성을 위해 규칙, 기준, 인센티브, 불이익 등을 파악하고 지원하기 위한 협력사업에 동참해야 한다.

한국은 2015년부터 탄소배출권거래제를 시행하고 있으며, 현재 탄소세 과세 여부에 대한 논의를 하고 있다. 기업 입장에서는 국내 탄소배출권 비용 증가에 따른 부담과 탄소세 도입뿐만 아니라 해외 수출의 경우, 탄소국경세까지 더욱 강화되는 규제에 직면할 가능성이 높아졌다.

회계 컨설팅법인 EY한영은 탄소국경세 도입 시 오는 2023년 한국 기업들이 미국·EU·중국에 지급해야 할 탄소국경세를 약 6,100억 원으로 추산하였다. 규제가 더욱 강화되는 2030년에는

이보다 3배 증가한 약 1조 8,000억 원을 탄소국경세로 지불하게
될 것으로 예상했다.

결국 미국의 그린뉴딜 이니셔티브를 참고하여 살펴본다면, 한
국 정부도 세액공제와 같은 적극적인 세금 인센티브 제공과 규제
정책의 조화를 통해 기업들로 하여금 저탄소 산업으로 산업구조
대전환을 유도해야 할 것이다.

피어 어셈블리의 조직

화석연료문명에서는 석탄, 석유, 가스를 탐색하고 추출하고
운송하고 정제하는 과정을 거쳐 최종 소비자에게 전달된다. 그
리고 이런 과정을 구축하는 초기에 많은 비용이 투입되었다.
다른 모든 분야도 제품 생산 및 서비스 등 밸류체인 전체를 화
석연료를 이용하는 형태로 구축해 왔다.

그러나 지구 생태 시스템의 붕괴를 가져올 치명적인 기후위기
와 대면하고 있는 현 시대에서는 그린뉴딜 체제로의 전환을 더이
상 미룰 수 없게 되었다. 제2차 세계대전 당시 평화시대에서 가
능한 모든 물자를 총동원하여 전시경제 체제로 전환하였듯이 그
린뉴딜 체제로 신속히 전환하지 않는다면, 기후위기가 가져올 인
류에 대한 위협은 아직까지 겪어보지 못했던 가공할 만한 수준일

것으로 예측된다.

그와 같은 위협에 대처하기 위해선 전 세대를 통합하는 형태의 일반 대중 거버넌스가 필요하며, 그것은 무한한 미래까지 지속될 수 있어야 한다.

이와 같은 지구 전체의 위기를 타개하기 위해『글로벌 그린뉴딜』의 작가 제레미 리프킨Jeremy Rifkin은 그린뉴딜의 신속한 이행을 위해 피어 어셈블리를 조직해야 한다고 주장한다.

피어 어셈블리는 자치단체의 선출직 공무원, 지역 상공회의소, 노동조합, 대학, 시민단체, 경제단체 대표 등 모든 이들의 연합체로 구성되어야 하며, 포커스 그룹이나 이해관계자 집단이 아니라 그린뉴딜 로드맵에 통합될 제안이나 이니셔티브 준비에 참여할 대중의 수평적 협의체를 말한다.

피어 어셈블리는 그린뉴딜로의 본격적 전환을 신속하게 이행하기 위해서 형식, 규칙, 기준, 인센티브, 불이익 등 그린뉴딜 로드맵을 만들어야 한다.

그리고 선출직 공무원의 교체와 상관없이 그린 로드맵이 실행되어 탄소제로 그린뉴딜 프로세스가 완전히 이행되는 기간 동안 지속적으로 활동을 이어가야 한다.[24]

제레미 리프킨은 "피어 어셈블리는 기후변화에 직면했을 때 지역사회가 느끼게 되는 무력감을 생물권 전체가 나누어 져야 할 공동의 책임감으로 바꿀 수 있는 방책이며, 미래를 살아갈 인류에게 반드시 필요한 수단이다."라고 주장하며, 기후위기에 대응하고자 하는 그린뉴딜의 신속한 이행을 위하여 피어 어셈블리 조직의 도입을 옹호하였다.

지금이야말로 그린뉴딜로의 대전환을 준비하고 이행하기 위한 시민의 협의체가 필요한 시기이다. 우리에게는 이제 시간이 많이 남아 있지 않다.

반복되는 팬데믹 시대

인류를 위협해온 팬데믹의 역사

2016년 카리브해 연안 아이티에 규모 7.0의 대지진이 발생하여 약 30만 명이 죽고 150만 명에 달하는 이재민이 발생하였고, 이에 UN에서는 아이티 복구를 위해 평화유지군을 파견하였다. 그러나 오히려 아이티인들을 또다른 위험에 빠트린 것은 평화유지군으로 들어간 군인들이 전파시킨 콜레라였다. 약 80만 명이 콜레라균에 감염되어 1만 명이 사망하였던 것이다.

결국 2016년 반기문 UN 사무총장은 아이티 국민에게 콜레라 감염에 대처하지 못한 점을 사과하였다.

아이티의 복구를 위해 파견된 UN 평화유지군이 의도치 않게 콜레라균을 퍼뜨려 아이티 국민 1만 명을 사망에 이르게 하였듯이 전염병은 끊임없이 인류를 괴롭혀 온 위협이었다. 과거 전염병 역사에서 보면 페스트, 스페인독감이 인류를 공포에 떨게 하였으며, 21세기에 들어서는 홍콩독감, 신종플루, 사스, 메르스, 코로나에 이르기까지 수많은 전염병이 인류의 생존을 위협해 왔다.

인류의 생존을 위협한 팬데믹의 역사는 다음과 같다.[25]

페스트

14세기 중반 페스트는 약 7,650만 명을 죽음으로 몰고 갔다. 당시 약 4억 5,000만 명이었던 전 세계 인구의 17% 이상에 해당한다.

페스트는 1300년대 초 중앙아시아 건조한 평원지대에서 발병하여 실크로드를 통해 1340년대 말 유럽으로 퍼져나갔으며, 1347년부터 1351년까지 4년 만에 유럽 전체인구의 3분의 1을 죽음으로 몰아넣었다. 당시 유럽은 농노를 기반으로 하는 봉건영주 시대였으나 농노들이 무더기로 목숨을 잃어 노동력이 급감하면서 르네상스 시대로 전환하게 되는 사회변혁이 일어난다.

스페인독감

제1차 세계대전이 끝나갈 무렵인 1918년에서 1919년경 스페인독감은 전 세계 인구 3분의 1을 감염시키고 5,000만 명에서 1억 명을 죽음으로 몰고 갔다.

스페인독감은 발병 후 제1차 세계대전 말 이동하는 군인들을 따라 공기 중으로 쉽게 전파되어 확산되었고, 결국 스페인독감 팬데믹은 1919년 감염자들이 사망하거나 집단면역이 생기고 나서야 사라졌다.

에이즈

1980년대 인간 면역결핍 바이러스 HIV가 발견되었다.

에이즈는 20세기 초반 카메룬에서 침팬지로부터 인간으로 감염된 인수공통감염증이다. 2015년 WHO는 전 세계적으로 에이즈에 걸린 사람이 3,670만 명, 사망자 110만 명이라고 발표하였다.

사스

2003년 사스는 전 세계에서 8,000명 이상을 감염시켰고, 800여 명이 사망했다. 치사율이 10%에 이르렀다.

에볼라 바이러스

에볼라 바이러스는 박쥐로부터 감염되었다.

서아프리카에서 2013년 12월 말에서 2016년 3월까지 28,650명이 전염되어 11,325명이 사망하였다.

메르스(중동호흡기증후군)

메르스는 2012년 사우디아라비아에서 낙타로부터 전염되었다. WHO에 의하면 2017년까지 2,103건의 메르스 감염자가 확인되었고 733명이 사망하였다.

2015년 미국 미생물학회 논문에 따르면 메르스 바이러스는 약 20년 전 아프리카 동부에서 박쥐에 의해 낙타에게 옮겨졌을 것으로 추정한다.

이 논문은 인간의 활동 범위가 박쥐의 서식지와 겹치면서 박쥐의 바이러스가 전파되어 발병하는 사례가 늘어날 것이라고 주장하였다.

코로나19

2019년 말 중국 우한에서 최초 발생하여 전 세계를 공포의 도가니로 몰아넣었다. 세계 경제는 위축되었고, 코로나와의 전쟁은 아직도 계속되고 있다.

2021년 7월 초 기준 전 세계에서 1억 8,676만 명 이상이 감염되었고, 403만 명 이상이 사망하였으며 전 세계 치명률은 2.16%이다.

한국은 약 169,000여 명이 확진을 받았고, 이 중에서 2,044명이 사망하였으며, 미국은 3,370여만 명이 확진돼 604,000여 명이 사망하였다. 인도는 3,083여만 명이 확진돼 408,000여 명이 사망했고, 브라질에서도 1,900여만 명이 확진돼 533,000여 명이 사망했다.

펜데믹의 종류

질병을 연구하는 과학자들은 질병의 심각한 정도를 집단발병, 풍토병, 에피데믹, 팬데믹으로 구분한다.[26]

집단발병

집단발병은 제한된 한 지역에서 짧은 시간 동안 제한된 사람들에게 어떤 질병이 퍼지는 경우를 말한다.

2003년 2개월 동안 미국 중서부 6개 주에서 70명 이상이 집단발병한 원숭이 두창과 같은 경우이다.

풍토병

풍토병은 어떤 지역의 특수한 기후나 토질로 인하여 발생하는 질병으로 그 지역 주민들에게 지속적으로 발생하는 병이다.

콩고, 나이지리아, 우간다에서 발생하는 말라리아가 대표적 풍토병이다.

에피데믹(감염병 유행)

에피데믹은 한 국가나 한 대륙의 여러 지역에 걸쳐 동시에 수많은 사람들이 걸리는 질병이다. 2014년~2015년 아프리카 서부 3개국에 걸쳐 많은 사람들이 감염된 에볼라 바이러스가 에피데믹으로 분류된다.

팬데믹 (감염병의 세계적 유행)

팬데믹은 한 대륙을 넘어 전 세계 여러 곳에서 동시에 수많은 사람에게 발생하는 전염병이다.

14세기 중반 유럽 전체인구의 3분의 1을 죽음으로 몰고 간 페스트, 1918년~1919년 사이 전 세계에 걸쳐 수 백만 명을 감염시킨 스페인독감이 팬데믹의 예이다.

WHO는 설립 이후 1968년 홍콩독감, 2009년 신종플루, 2020년 코로나19를 팬데믹으로 선언하였다.

팬데믹의 원인

2016년 기후온난화로 영구동토층이 녹으면서 75년 전에 죽은 순록의 사체가 드러났으며, 툰드라 지역에 바람이 불면서 탄저균 포자가 널리 퍼졌다. 탄저균에 감염된 2,000여 마리의 순록, 썰매 끄는 개, 12세 소년이 죽었다.

영구동토층은 평균기온이 영하로 나타나는 달이 6개월 이상 계속되어 일 년 내내 얼어 있는 토양층으로, 북극 일부 지역은 겨울 평균기온이 영하 25도이고, 약 340미터 깊이까지 영구동토층이다.

인류를 위협하는 세균은 콜레라, 라임병, 임질, 매독 등이 있고, 치명적 바이러스는 에이즈, 에볼라, 독감, 사스, 지카열 등이 있다. 앞으로 어떤 세균이나 바이러스가 팬데믹을 불러일으키게 될지는 아무도 모른다.

팬데믹을 일으키는 원인은 비행기 여행, 기후변화, 동물서식지 파괴, 인구밀집과 전쟁, 항생제 오남용, 독감 등이 있다.[27]

비행기 여행
장거리 항공 운송으로 질병 잠복기가 끝나기 전에 전 세계 이동이 가능하여 비행기 여행으로 질병과 바이러스를 함께 운반하게 되는 경우가 발생한다.

기후변화
북극의 기온이 올라가면서 빙하와 영구동토층이 녹고 있다. 2011년 러시아 과학 아카데미 연구에 의하면 북극 영구동토층이 녹으면서 동물에게서 인간으로 감염되는 병원균이 풀려날 수 있다고 주장한다. 오랫동안 동면 중이던 비활성 상태의 병원균, 탄저균 같은 좀비 미생물이 모습을 다시 드러내게 되는 것이다. 예전의 질병이나 새로운 질병이 전파될 수 있는 것이다.

또한 기온이 올라가면 모기의 활동 기간이 늘어난다. 따뜻해진 공기가 바이러스를 빠르게 자라도록 하고, 기온이 올라가 모기 서식지가 넓어진다. 진드기도 오래 활동하며 더 넓은 지역으로 퍼진다.

모기가 옮기는 전염병은 키카열, 뎅기열, 치쿤구니야열, 웨스트나일열, 말라리아 등이 있고, 진드기가 옮기는 전염병은 라임병이 있다.

동물서식지 파괴

숲과 정글을 없애 동물서식지를 파괴하는 경우 동물에게서 사람에게로 바이러스가 전염된다. 에볼라 바이러스는 박쥐에서 감염되었고, 메르스도 낙타로부터 전염되었다.

인구 밀집과 전쟁

전 세계 인구는 2019년 77억 명이고, 2030년 86억 명, 2050년에는 98억 명으로 예상된다. 아프리카와 아시아에서 인구가 증가할 것으로 예측되며, 인구 천 만 명 이상 거대도시가 서울, 도쿄, 자카르타, 델리 등 28곳이나 된다. 사람들이 밀집하면 감염병 전파가 쉽다.

또한 전쟁은 공중보건체계를 파괴하여 위생설비와 보건의료체계 서비스를 받을 수 없게 한다. 바이오 테러는 세균전을 일으켜 질병을 확산시키는 예도 있다.

항생제 오남용

WHO는 항생제 내성은 세계 보건의료의 큰 위협이라고 주장하고 있다. 항생제를 자주 사용하다 보면 항생제에 저항할 수 있는 내성이 강해지므로 결국 어떤 항생제에도 저항할 수 있는 슈퍼 박테리아가 생겨나게 된다.

수퍼 버그 때문에 매년 약 70만 명이 사망하는 것으로 추정한다.

독감 바이러스

독감 유형은 ABC형이 있다.

A형은 가장 흔하고 심각한 유형으로 사람, 조류, 돼지, 고양이, 말 등이 감염된다.

B형은 인간만 감염되고 A형보다 증상이 가볍다.

C형은 사람과 돼지가 감염되고 증상은 가볍다.

매년 WHO는 어떤 바이러스를 독감 백신에 포함시킬 것인지 연구자들과 논의한다.

2종류의 A형 바이러스와 1~2개 종류의 B형 바이러스를 예방할 수 있도록 백신을 만든다. 2015~2016년 미국은 2,500만 명이 독감 바이러스에 감염되었고, 30만 명이 입원하였으며, 12,000명이 독감이나 폐렴 같은 합병증으로 사망하였다.

현재 미국 FDA는 독감 치료제로 타미플루, 리렌자, 라피밥을 승인하였다.

CEPI와 COVAX

전 세계 제약시장은 1조 달러이고, 백신 시장은 300억 달러이다. 새로운 백신을 개발하여 시장에 판매하는 데는 10~20년의 시간과 10억 달러의 비용이 소요된다.

제약회사는 새로운 백신을 개발하는 과정에서 경제적 지원을 받기 위한 협력기관과 정부를 찾고 있다. 그런 협력기관 중 하나가 감염병예방 혁신연합(Coalition for Epidemic Preparedness Initiative, CEPI)이다.

감염병예방 혁신연합은 집단발병 초기에 안전하고 효과적인 백신을 개발하는 것이 목표다. 신종 감염병 백신개발 등을 위한 재원 마련을 목적으로 2017년 노르웨이 오슬로에 본사를 두고 출범한 보건전문기구이다.[28]

코로나19와 관련해서는 모더나, 아스트라제네카 등 총 9개 백신 후보물질 개발을 지원했다. 특히, 코로나19 백신 후보물질의 국내 임상시험을 위해 연구비 690만 달러(약 84억 원)를 지원하고 있으며, 우리나라 제약사와 코로나19 백신 생산 관련 시설 사용

계약도 체결하였다.

코로나19의 출현 이전 CEPI의 우선순위 질병은 에볼라 바이러스, 라사 바이러스, 중동호흡기증후군, 코로나 바이러스, 니파 바이러스, 리프트 밸리 발열 및 치쿤구니야 바이러스 등이었다.

또한 CEPI는 알 수 없는 병원체(Disease X)에 대한 신속한 백신 및 면역 프로필락시스 개발에 사용될 수 있는 플랫폼 기술에 투자하였다.

'빌&멀린다 게이츠재단', 노르웨이 정부, 웰컴트러스트 등이 이 단체에 기부하고 있다. 한국 정부도 2020년 11월 24일 가입하였고, 국제 질병퇴치기금을 활용해 3년간(2020~2022) 매년 300만 달러를 '감염병예방 혁신연합(CEPI)'에 기여하고 있다.

또한, 한국은 전 세계적 집단면역을 위해 백신개발을 효과적으로 수행하고, 개발된 백신의 공평한 접근을 위해 추진하는 국제 프로젝트인 코벡스에 참여하고 있다. 따라서 국민 전체인구의 20%에 해당하는 분량의 코로나19 백신을 세계 백신공급 메커니즘(코백스 퍼실리티)을 통해 선구매하기로 결정했으며, 코백스 AMC에 천 만 달러 기여를 통해 개발도상국에 대해서도 백신공급을 지원하고 있다.

코백스는 세계보건기구(WHO), 세계백신면역연합(GAVI), 감염병예방 혁신연합(CEPI)이 이끄는 코로나19 백신 공동구매와 배분을 위한 국제 프로젝트로서 198개 국가가 코백스에 참여하고 있다. 저소득 국가인 92개국은 공여국들의 기부를 통해 백신을 지급받고, 나머지 고소득 국가는 보험처럼 백신을 공동구매하는 방식으로 운영된다.

한편, 질병퇴치기금은 우리나라에서 출발하는 국제선 항공기 탑승객에게 1,000원의 출국납부금을 부과하여 조성하는 기금으로, 정부는 이 기금을 통해 감염병예방 혁신연합(CEPI)뿐만 아니라 글로벌 펀드(Global Fund to fight AIDS, Tuberculosis and Malaria), 세계 백신면역연합(Global Alliance for Vaccine and Immunization, Gavi), 국제 의약품구매기구(Unitaid)에 약 2,100만 달러를 기여하였다.

백신 디바이드

라이베리아에서 에볼라와 싸웠던 의사 소카 모세(Soka Moses)는 전 세계가 안전해야만 진짜 안전한 것이라고 주장하면서 전 세계가 안전해지기 위해 개인의 건강유지 노력, 백신 접종, 생활 속 탄소 줄이기 운동, 지역사회 공중보건환경 살피기 등을 제안하였다. 그러면서 아프리카 모기장 보내기 운동인 Nothing but Nets 캠페인에 동참하자고 호소하였다.[29]

그러나 코로나19와 맞서 싸우고 있는 각국의 백신 확보와 접종

시기에는 나라에 따라 격차가 뚜렷하게 나타나고 있다. 또한 백신 개발과 공급 능력에 따라 각 국가 간 경제적 격차가 더욱 벌어지는 백신 디바이드가 발생하고 있다.

영국 주간지 〈이코노미스트〉 산하의 경제분석기관 이코노미스트 인텔리전스 유닛(EIU)의 분석에 따르면 대규모 자본으로 백신개발 단계부터 투자해온 영국, 미국, 캐나다, EU는 백신 수급 상황에 대체로 문제가 없지만 저소득 국가 대부분은 아직 백신 접종을 시작도 못하고 있다고 분석하였다.

2021년 4월 현재 한 명도 백신을 접종하지 않은 국가들이 전 세계에서 50여 개국이나 되지만 이스라엘, 영국은 집단면역이 가시화되고 있으며, 이스라엘은 마스크를 쓰지 않고 야외생활을 시작할 정도로 백신 접종이 이루어졌다. 또한 미국은 보다 완벽한 예방을 위해 3차 접종까지 하는 부스터 샷을 계획하고 있다.

이코노미스트 인텔리전스 유닛의 전망에 따르면 아프리카의 저소득 국가 등에서는 2023년까지도 전 국민에 대한 백신 접종이 이뤄지지 않을 국가들이 상당수 있는 것으로 파악된다.[30]

이러한 경우 바이러스는 계속 변이를 일으키거나 다른 국가로 옮겨갈 가능성이 있으므로 코로나19가 완전히 종식되기는 어려울 것으로 예측된다. 전 세계가 안전해야만 진짜 안전해지기 때문이다.

한편, 코로나19가 소멸되더라도 새로운 팬데믹은 계속 발생할

것이라는 게 보건 의료전문가들의 예측이다. 기후온난화, 동물서
식지 파괴 등 팬데믹이 발생하게 되는 원인을 근본적으로 제거하
지 않으면 팬데믹은 계속 발생할 것이기 때문이다.

따라서 코로나19와 같은 팬데믹과의 싸움은 일회성 이벤트가
아닐 가능성이 매우 크다. 새로운 팬데믹은 계속 발생할 것이고,
계속해서 인류를 괴롭히게 될 이슈다. 따라서 팬데믹에 대응하는
국가적 역량에 따라 국가의 경제적 격차와 국민 삶의 방식이 많
이 달라지게 되며, 이제 백신개발과 공급 능력이 각국의 경제적
격차를 결정하는 요소가 될 것이다.

코로나19 이후 언택트 산업: 비대면 랜선 콘서트

통계청 발표 〈2019년 온라인 쇼핑 동향〉에 따르면 배달음식 주
문 서비스 등이 2018년 5조 2,731억 원에서 2019년 9조 7,365억
원으로 크게 증가하였고, 배달앱 이용자도 2013년 87만 명에서
2019년 2,500만 명으로 급증하였다. 전 세계는 코로나19 이후 새
로운 질서와 기술을 찾고 있으며, 새로운 문화를 형성하는 압축
적인 변화를 불러오고 있다.

인기 아이돌 그룹 방탄소년단(BTS)의 온라인 콘서트는 비대면
랜선 콘서트 행사임에도 불구하고 팬들이 직접 호흡하는 사실적

현장감으로 새로운 문화를 창출했다.

전국경제인연합회는 2020년 코로나19 이후의 유망산업으로 'TECHNOLOGY'를 주장하였다. TECHNOLOGY는 교통 및 모빌리티(Transport & mobility), 에듀테크Edu-tech, 클라우드Cloud, 헬스케어Health care, 네트워크Network, 온오프라인 결합(O2O), 물류 유통(Logistics), 제조기술(Operational tech), 녹색산업(Green industry), 콘텐츠(YOLO biz)를 의미한다.[31]

현대차증권은 코로나19 이후 변화할 산업으로 THED를 주장한다. THED는 'Tele–x, Having behavior, Egocentric consumption, Decentralization'을 의미한다.

Tele–x는 원격으로 진행되는 원격의료, 온라인 교육, 온라인 쇼핑을 의미하고, Having behavior는 공유경제, 공유문화의 해체와 개인교통, 개인공간 소유를 의미하며, Egocentric consumption은 타인이 아닌 나 자신에게 집중하는 문화가 증가하게 된다는 것이고, Decentralization는 탈중앙 시스템으로의 변화를 의미한다.

과학기술정보통신부는 코로나19 이후 각 산업별 변화를 다음과 같이 예측하였다.
- 헬스케어 산업: 원격 의료, AI 진단 기술로 진화

- 교육: 원격 교육, 실감형 몰입 학습, 양방향 맞춤 교육으로 발전
- 교통과 물류: 개인 교통이 확대. 비대면, 비접촉 배송서비스가 증가
- 제조: 지역 공급망 구축, 리쇼어링, 스마트공장 확대
- 환경: 일회용품 사용의 증가
- 문화: 홈 엔터테인먼트와 실감형 콘텐츠 증가
- 정보보안: 비대면 금융거래 증가에 따른 보안기술 발전

한편 KOTRA는 코로나19 이후 중국 시장에 대해서 H,O,M,E 관련 수출이 유망할 것으로 분석하였다. H,O,M,E는 헬스케어(Home), 온라인(Online), 무인화(Manless), 홈코노미(Economy at Home)를 의미하는 약어이다.

이러한 변화의 흐름 속에 코로나19가 바꾸어놓을 것으로 예측되는 산업들은 다음과 같다.

- 금융산업: 핀테크와 비대면 금융서비스가 발전될 것이다.
- 유통산업: 온라인, 홈쇼핑, 아마존과 배달의 민족을 이용한 비대면 주문이 급증할 것이다.
- 의료산업: 원격의료, 건강관리 관련 산업, 위생 관련 산업, 진단키트, 마스크 등 의약품 매출이 증가할 것이다.

- 정보기술: 인터넷망, 보안, 네트워크 유지, 보수, 클라우드, 재택근무 확대로 인한 관련 산업 등이 발전할 것이다.
- 게임산업: 가정용 오락 등 비대면 게임의 수요가 증가하며 집콕 생활 관련 제품 매출이 크게 증가할 것이다.
- 광고산업: 유튜브 등 비대면 광고시장이 성장할 것이고, 판매 방법도 다변화되어 온라인 매출이 오프라인보다 커지고 격차가 점점 더 벌어질 것이다.

세계 인구 100억과 초고령화 시대의 도래

증가하는 세계 인구, 감소하는 선진국 인구

1798년 영국의 경제학자 토머스 맬서스가 『인구론』을 쓸 당시 세계 인구는 10억 명이었다. 2000년 세계 인구는 61억 명, 2015년에는 73억 명으로 증가하였다. 그리고 2030년경 85억 명, 2050년경 약 100억 명으로 증가할 것으로 추정하고 있다.

유럽 최대 전략 컨설팅회사인 롤랜드버거는 세계 인구의 변화에 대해서 2015년과 2030년을 추정하여 다음과 같이 비교하였다.[32]

2015년 인구 73억 명을 100%로 가정했을 때 2030년 세계 인구는 약 85억 명으로 16% 증가될 것으로 예측되며, 2015년 선진국 인구와 개발도상국 인구비율이 17% 대 83%였다면, 2030년에

는 선진국 인구와 개발도상국 인구비율이 15% 대 85%로 개발도
상국의 인구비율이 증가할 것이다.

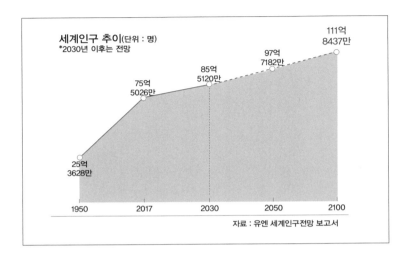

선진국 인구는 2015년에서 2030년까지 3,300만 명 증가할 것
으로 예상된다. 하지만 개발도상국 인구는 같은 기간 선진국 인
구증가의 34배인 11억 명이 증가하여 72억 명에 달할 것이다.

인구증가는 개발도상국 중에서도 최빈국에서 높게 나타난다.
최빈국 인구증가율은 매년 2.2% 증가하여 15년 동안 33.2%가 증
가할 것이다.

이러한 인구증가는 물, 에너지, 식량, 사회보장, 의료, 교육 등
에서 심각한 문제를 발생시키게 된다. 또한 도시에 거주하는 사
람의 비율도 2015년 54%에서 2030년 60%로 증가할 것이다.

롤랜드버그의 분석에 의하면 인구 증가, GDP 성장, 도시화, 중산층 증가 등으로 에너지 수요가 크게 증가할 것으로 예상되는데,[33] 전 세계 1차 에너지 필요량이 2015년 14.2기가 톤에서 2030년 16.7기가 톤으로 17% 증가할 것이며, OECD 국가의 수요는 큰 변화가 없지만 비 OECD국가의 수요는 29% 증가할 것이다. 즉 2030년 전 세계 에너지 수요의 66%가 비 OECD국가에서 발생할 것이고 특히, 중국과 인도 등 아시아 국가에서 발생한다.

또한, 2050년에는 세계 인구의 52%가 물부족 지역에 거주하고, 세계 인구의 16%가 물 스트레스 지역에 거주하게 될 것으로 전망된다. 인구의 40% 이상이 물부족에 시달리는 지역을 물부족 지역이라 하고, 인구의 20~40%가 물부족에 시달리는 지역을 물 스트레스 지역이라고 하는데, 물부족이나 스트레스에 시달리지 않는 인구는 2010년 46%였으나 2050년이 되면 32%로 크게 떨어질 것으로 예측된다.

한편, 인구의 지속적 증가와 1인당 GDP 성장으로 인하여 식량 수요가 급격하게 증가할 것으로 예측되며, 식량에 대한 접근성이 향상되고, 고칼로리 식품 소비의 증가, 패스트푸드로의 소비 패턴 전환 등으로 식량 소비가 증가된다.

OECD 국가는 2030년 1인당 실질 GDP가 21% 성장하고, 1인당 식음료 지출이 17% 증가할 것으로 예측되는 반면 개발도상국 및 신흥국은 2030년 1인당 실질 GDP가 54% 성장하고, 1인당 식음료 지출도 46% 증가할 것으로 예측되고 있다.

BRICs는 2030년 1인당 실질 GDP가 79% 성장하며 1인당 식음료 지출도 63% 증가가 예상되며, 중국은 2030년 1인당 실질 GDP 107% 성장과 1인당 식음료 지출 85% 증가가 예상된다.

인구증가율이 높은 국가 10개국은 다음과 같다.

인도, 나이지리아, 파키스탄, 콩고, 중국, 에티오피아, 인도네시아, 미국, 탄자니아, 이집트이다. 특히 인도, 나이지리아, 파키스탄의 인구증가는 전 세계 인구증가의 30% 이상을 차지한다. 인도 인구는 2022년이면 14억 2,000만 명으로 세계 1위 국가가 될 것으로 예상하고 있지만 인구조사 방식에서 차이가 있어 이미 중국을 추월했다는 의견도 있다. 이러한 국가들의 인구증가에서 주된 원인은 높은 출산율이지만 미국의 경우는 출산율이 아니라 이민자의 증가이다. 미국은 이민자를 어떻게 통합하느냐가 관건이 될 것이다.

인구 감소율이 높은 10개 국가는 다음과 같다.

일본, 러시아, 우크라이나, 루마니아, 폴란드, 독일, 불가리아, 이탈리아, 헝가리, 세르비아.

이들 국가는 매우 낮은 출산율로 인해 인구가 감소하고 있다. 독일, 일본, 러시아, 이탈리아, 헝가리는 이민자를 적극적으로 받아들여 인구 감소를 줄이려고 노력하고 있으며 독일은 이민자 수용으로 인구 감소가 중단된 상태이다. 그러나 불가리아, 세르비아, 루마니아, 우크라이나, 폴란드와 같은 나라들은 국외로 이민을 가는 사람들이 더 많아서 인구가 감소하고 있다.[34]

결국 한국을 비롯해 유럽, 일본, 러시아 등 선진국 인구는 계속 감소할 것이고 인도, 파키스탄, 아프리카 인구는 폭발적으로 증가하게 될 것으로 예상된다.

이주하는 사람들

2015년 세계 인구 3.3%인 2억 4,400만 명이 해외 이주민이다.

세계 인구의 이동 원인은 국가 간 경제력 차이, 인구통계학적 불균형, 인권침해 같은 정치적 요인, 가족이나 친지 방문 같은 사회적 요인, 자연재해와 같은 환경적 요인 등이 있다.

이런 해외 이주민 중 10%인 2,130만 명이 난민이고, 520만 명이 가자지구 및 웨스트뱅크 출신의 팔레스타인 난민이다. 시리아 난민이 490만 명, 아프가니스탄 난민이 270만 명, 소말리아 난민이 110만 명 등이다. 이들 난민은 UN 팔레스타인 난민기구와

UN 난민기구로부터 지원을 받고 있다.[35]

생산 및 노동의 세계화와 교통과 기술의 발달은 해외 이주를 쉽게 가능하도록 만들고 있다. 이러한 인구이동은 앞으로도 계속될 것이며, 큰 흐름은 개발도상국에서 선진국으로의 이동이다. 주로 아시아, 아프리카, 중남미에서 북아메리카, 유럽, 오세아니아로 이동하고 있다.

2015년에서 2030년 사이 개발도상국에서 선진국으로 이주하는 사람들은 약 3,400만 명에 달할 것으로 보인다.

가속화되는 도시 집중이 불러올 문제들

도시로 분류하는 기준은 인구밀도, 최소 인구 기준, 비농업 종사 비율, 전기와 수도 같은 인프라, 교육 또는 보건 서비스 수준 등이다. 2030년이 되면 선진국과 개발도상국 모두 도시지역에 거주하는 인구의 증가가 예상된다.

롤랜드버거의 분석에 따르면 2015년에는 세계 인구의 54%가 도시에 살았지만 2030년에는 60%가 도시에 살게 될 것으로 예측하고 있다. 2015년 선진국 인구는 78.3%가 도시에 살지만 2030년에는 81.5%가 도시에 살게 된다.

개발도상국은 어떨까? 2015년 49%가 도시에 거주하지만

2030년에는 56.2%가 도시에 살게 된다.

2030년 세계에서 가장 큰 메가시티를 보면 도쿄, 델리, 상하이, 뭄바이, 베이징, 다카, 카라치, 카이로, 라고스, 멕시코시티, 상파울루, 킨샤샤, 오사카, 뉴욕, 캘커타 등이 될 것이다.[36]

도시화가 이런 식으로 계속해서 진행되면 지하수 부족과 오염, 극심한 대기오염과 교통혼잡, 에너지공급 문제, 엄청난 양의 폐기물, 범죄 발생 등의 문제가 발생할 수밖에 없다.

2030년, 세계에서 가장 늙은 국가

롤랜드버거의 분석에 따르면 의학과 기술의 발전으로 기대수명이 계속 증가하여 2030년에는 세계 인구 중위권 연령은 만 33.1세에 도달한다. 0~14세의 점유율은 2015년 26%였으나 2030년에는 24%로 감소할 것이며, 65세 이상 점유율은 2015년 8%에서 2030년 12%로 증가가 예상되지만 15세에서 64세까지의 생산가능인구의 점유율은 2015년 66%에서 2030년 65%로 안정적으로 유지될 것으로 예상된다.[37]

그러나 선진국과 개발도상국으로 구분하여 분석해보면, 선진국의 생산가능인구는 2015년 66%에서 2030년 61%로 감소하며,

선진국의 65세 이상 인구는 2015년 18%에서 2030년 23%로 증가하게 될 것으로 예상된다.

개발도상국의 생산가능인구는 2015년 66%에서 2030년 65%로 큰 변화는 없지만 인구의 증가로 생산가능인구가 7억 1,200만 명으로 크게 증가할 것이다. 이러한 인구 급증으로 인하여 개발도상국의 현실적 과제는 교육과 직업을 제공하는 문제가 될 것이다.

2030년 중위 연령 기준으로 세계에서 가장 젊은 국가는 니제르, 소말리아, 앙골라, 차드, 말리, 우간다, 감비아, 부룬디, 잠비아, 콩고, 탄자니아, 모잠비크 등이다. 이 국가들은 사하라 사막 이남의 아프리카 국가들이다. 대부분 낮은 기대수명과 출산율이 높은 국가들이다.

2030년 중위 연령 기준으로 가장 늙은 국가는 일본, 이탈리아, 포르투갈, 스페인, 그리스, 독일, 슬로베니아, 대한민국, 보스니아 헤르체고비나, 불가리아, 루마니아, 싱가포르, 체코, 크로아티아, 오스트리아 등이다. 대한민국, 일본, 싱가포르를 제외한 국가들은 유럽 국가이며 대부분 높은 기대수명과 낮은 출산율에 기인한다.

일본은 2030년 중위 연령이 만 51.5세로 예상되는데, 이는 전체 인구의 50%가 만 52세 이상인 초고령국가라는 것을 의미한다. 문제는 이러한 초고령국가의 과제는 감소하는 생산가능인구 구조에서 어떻게 연금 및 사회보장 시스템을 유지할 것인가 하는 것이다.

주요 국가의 인구 고령화 속도

구분	고령화 사회 (7%)	고령사회 (14%)	고령사회 도달 연도	초고령사회 (20%)	초고령사회 도달 연도
한국	2000	2018	18	2026	8
일본	1970	1994	24	2006	12
독일	1932	1972	40	2010	38
미국	1942	2014	72	2030	16
프랑스	1864	1979	115	2019	40

OECD 국가의 노인인구 비율 추이 (2005~2050)

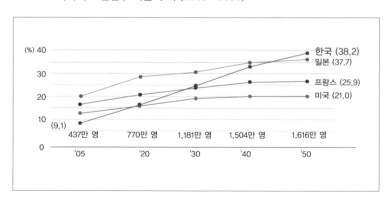

초고령화 사회

65세 이상 연령층이 전체 인구의 7% 이상이면 고령화 사회로 정의한다. 65세 이상 연령층이 전체 인구의 14% 이상이라면 고령사회로 정의한다. 고령사회는 이미 나이가 든 사회이다. 그러므로 65세 이상 연령층이 전체 인구의 20% 이상을 차지한다면 초고령사회라고 할 수 있다.

한국은 2000년 65세 이상 연령층이 전체 인구의 7%를 넘어서이미 고령화 사회로 진입하였으며, 2018년 65세 이상 노인 인구가 총인구의 14.3%를 차지했다. 고령화 사회로 진입한 지 18년만에 고령사회로 진입하게 되는 것이다. 2026년, 노인 인구가 총인구의 20%를 초과하여 초고령사회가 될 것으로 예상된다.

한국은 세계에서 가장 빠른 속도로 늙어 가고 있으며, 고령사회로 진입한 지 8년 만에 가파른 기울기로 초고령사회로 진입하고 있다. 세계에서 고령화가 가장 빠른 나라로 알려진 일본도 36년에 걸쳐 고령화 사회에서 초고령사회로 진입했는데, 한국은 불과 26년 만에 초고령 사회로 진입하게 된다.

2020년 OECD 회원국 평균 고령자 수는 생산인구 1,000명 당 275명이지만, 한국의 고령자 수는 생산인구 1,000명당 221명에 불과하다. 하지만 한국은 2030년이 되면 65세 이상 고령자 비중이 OECD 평균을 초과하게 될 것으로 예상되고, 2050년에는 고령자 비중이 일본마저 추월할 것으로 전망된다. 즉 2050년에는 다른 OECD 국가들과 비교할 경우, 20~64세 인구를 기준으로 노동력이 가장 부족한 늙은 나라가 될 예정이다.

데드 크로스

2000년에서 2005년 사이 출산율 감소 1차 쇼크가 일어난 지 20여 년이 지난 현재, 이미 오래전에 예정된 파도가 해안을 덮치고 있다. 대학 수험생 숫자가 크게 줄면서 정원을 채우지 못해 폐교 위기에 내몰리는 지방 대학들이 늘고 있으며, 입학생 전원에게 장학금을 지급하고 수능시험 없이, 원하는 학과에 입학할 수 있다며 신입생을 모집하는 학교들도 있을 정도다. 아마 몇 년 지나지 않아 상당수 대학들이 신입생을 받지 못해 문을 닫아야 할 처지에 놓일 것이다.

또한, 아이들이 줄어들어 소비패턴이 달라지고, 반려동물에 대한 수요가 증가하고 있는 것도 출산율 저하에 따른 현상이다.

한편, 출산율 감소에 따른 1차 쇼크 후 20년이 지난 지금 다시 2차 쇼크가 발생하고 있다. 1차쇼크 이후 10여 년 동안 비슷한 수준으로 유지했던 출산율이 2020년을 전후로 다시 더 큰 폭으로 떨어진 것이다. 이것을 2차 쇼크라 일컫는데, 이것은 앞으로 20년 이내에 더 큰 폭으로 20대 인구가 급락한다는 걸 의미한다.

이러한 출산율 감소로 미래에는 어떤 일들이 일어날까?

1차 쇼크 이후로 태어난, 즉 20대에 접어든 세대들이 급감하면서 우선 구인난이 심각해질 것이다. 군대 또한 마찬가지다. 현재 군을 유지하기 위한 자원은 매년 30여 만 명이 필요하지만 1차 쇼크 이후 태어난 세대의 남성으로는 군에 입대할 자원이 턱없이 부족하다. 따라서 군은 징병대상기준을 완화하고, 모병제 도입, 여성징병제 도입 등 다양한 대안을 논의하고 있다.

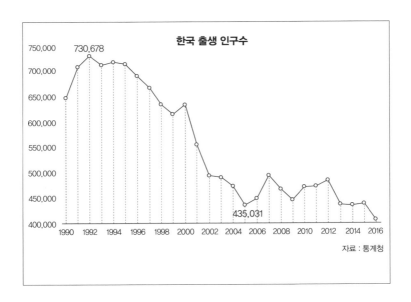

통계청이 발표한 2020년 인구동향조사 〈출생 사망통계 잠

정 결과〉에 따르면 2020년 출생아는 272,400명, 사망자 수는 305,100명이다. 자연증가를 하던 인구는 33,000명이 자연감소한다. 사상 처음으로 출생아가 사망자보다 적은 인구 데드 크로스가 발생하는 것이다. 이는 저출산과 인구 고령화로 사망자 수가 증가한 것에 기인한다.[38]

여성 한 사람이 가임기간(15~49세) 동안 낳을 것으로 예상하는 평균 자녀를 합계 출산율이라고 하는데, 한국의 합계 출산율은 2000년 1.47명에서 2002년 1.17명으로 급락했으며, 다시 2018년 0.98명, 2019년 0.92명으로 점차 감소하더니 2020년에는 0.84명으로 크게 떨어졌다. 2018년 합계 출산율은 OECD 평균 1.63명과 비교해보면 큰 차이가 있음을 알 수 있다. 회원국 중 합계 출산율이 1명 미만인 나라는 한국이 유일하다.

통계청이 발표한 생명표 통계를 보면 2019년 기준 40세 남성의 기대여명은 41.3년이다. 1970년에는 40세 남성의 기대여명이 26.7년이었으나 2019년에는 40세 남성의 기대여명이 크게 늘어나 81.3세까지 살 것으로 기대된다. 따라서 80세 이상 연령대에서 사망자가 늘어나고 있어 연간 사망자는 1994년부터 2009년까지 매년 24만 명대, 2012년에는 26만 명대, 2016년에는 28만 명대로 늘었고, 2020년에는 처음으로 30만 명을 넘었다.

기대여명의 증가로 사망자 숫자가 정체하였으나 초고령층

이 늘고 있어 앞으로 사망자는 더 늘어날 것이다. 통계청은 장래 인구 추계(중위 추계 기준)를 통해 연간 사망자가 2028년 40만 명, 2040년 54만 9,000명, 2050년 70만 900명까지 계속 증가할 것으로 예측하였다.

이러한 추세로 계속하여 생산가능인구가 줄어들기 시작하면 사회적 부담이 증가한다. 국민연금, 기초노령연금, 기초생활자와 노령층 대중교통 지원 등 부양해야 할 노령층 인구의 상대적 증가로 청년층의 경제적 부담이 증가하여 청년층과 고령층 간의 세대갈등이 발생할 우려가 크다.

또한 수요감소로 기업 활동을 약화시키고 결혼, 출산, 육아, 교육 관련 각종 산업을 위축시켜 경제의 역동성을 떨어뜨리며 잠재성장률을 하락시키는 요인이 될 수 있다. 국가 재정의 감소로 인하여 세금인상에 대한 부담이 발생할 것이고, 지방경제가 위축됨으로써 지방 도시의 소멸 가능성 또한 커진다.

그렇다면 합계 출산율이 계속 감소하는 원인은 무엇일까?

첫째, 결혼이 늦어지고 있다.

취업난, 주택가격 상승 등으로 결혼 준비에 긴 시간이 필요하게 되면서 결국 결혼 적령기가 늦춰지고 있다.

둘째, 결혼한 가구도 자녀 부양이 힘들어서 2자녀 이상 낳지 않으며, 일부러 자녀를 낳지 않는 맞벌이 부부인 딩크족이 늘고 있

다. 개인의 자유를 존중하며 자신의 일에서 삶의 보람을 찾으려
하는 딩크족은 자녀 양육에 드는 경제적 부담과 심각한 경제난
때문에 점차 확산되고 있다.

현재 세계에서 가장 늙은 나라는 일본, 독일, 이탈리아다. 이 중
에서 독일은 합계 출산율이 일본과 이탈리아보다 낮아 저출산,
고령화 문제가 가장 심각한 국가이다.

하지만 일본과 이탈리아에 비해 독일 경제는 꾸준히 성장하고
있다. 독일이 초고령화 속에서도 경쟁력을 유지할 수 있는 비결
은 고령화 문제를 새로운 경제 흐름으로 인식하고 적극적인 대책
을 마련하고 있기 때문이다.

독일은 고령화를 새로운 경제 흐름으로 인식하고 의료, 로봇
등 새로운 시장에 적극적으로 투자했다. 노인들에게는 시간제 일
자리 확대 등을 통해 오랫동안 일할 수 있는 사회 분위기를 조성
하였으며, 꾸준히 복지 구조조정을 실시하여 세대 간의 이해와
갈등 조정을 통해 연금을 받는 나이를 점차 높여 나가고, 직업훈
련 등을 통한 노인 일자리 확보로 복지 지출을 줄여나가고 있다.

결국 한국도 이미 예정돼 있는 초고령사회 진입에 적극적으로
대비해야 한다. 저출산 대책을 세우고, 노인도 일할 수 있는 환경
을 만들어야 한다.

그렇다면 오래전부터 예정돼 있는 이 위기를 극복할 방법은 무엇일까?

첫째, 출산율을 높여야 한다.

출산율을 높이기 위해서는 무엇보다 안정적인 소득과 일자리가 제공되어야 한다.

맹자는 '무항산무항심無恒産無恒心'이라고 하였다. 항산이 없으면 항심이 없다는 말로, 생활이 안정되지 않으면 바른 마음을 견지하기 어렵다는 뜻이다. 즉 일정 부분 경제적 소득이 없으면 안정적 삶을 영위하기가 어렵고, 결혼과 출산을 유보할 수밖에 없는 것이다.

무엇보다 중요한 것은 안정적인 일자리와 소득을 창출할 수 있는 경제 시스템이 형성되어야 할 것이고, 출산과 육아에 대한 부담을 공동체가 함께 나누어 지는 사회환경 조성이 뒷받침되어야 할 것이다. 자녀의 양육비 부담과 불안정한 소득 구조가 지속되는 한 출산율이 높아지기는 어려울 것이다.

결국 부강한 경제를 만들고 국민 구성원 모두가 안정적 일자리와 소득을 형성할 수 있는 사회를 만들어야 이러한 문제를 해결할 수 있다. 또한 무상보육, 무상교육 등 국가와 공동체가 요람에서 성인이 될 때까지 출산과 육아를 완전하게 책임지는 구조로 전환해야 낮은 출산율 문제를 해결할 수 있을 것이다.

따라서 출산장려금 지원, 보육비 지원, 교육비 지원, 보육시설 확충, 아이돌보미 서비스 확대, 유연근로제 및 시간선택제 확대, 여성의 경력단절 해소 방안 강구 등 출산과 육아 환경을 보다 적극적으로 개선하여야 할 것이다.

둘째, 평생 복지의 관점에서 요람에서 무덤까지 이어지는 사회적 안전망을 촘촘히 확충해야 할 것이다.

우리 사회는 갈수록 노동소득 분배율이 낮아지는 불평등이 심화 되고, 플랫폼 경제로 인한 고용 관계의 불명확성으로 인하여 고용에 대한 불안정성이 높아지고 있다. 따라서 불안정한 고용을 해소하는 사회적 안전망으로서 복지정책이 필요하다.

또한, 사회보험과 공적 부조로 이루어진 우리나라 복지 체계에서 제도적 부정합으로 기존의 사회보험제도가 해결하지 못하고 있는 사회적 위험을 줄일 수 있는 사회적 안전망이 필요하며, 요람에서 무덤까지 이어지는 전체 삶의 주기를 커버하는 촘촘한 평생복지 체계를 갖추어야 할 것이다.

셋째, 노동시장 구조를 개편해야 한다.

노인고용 확대와 양질의 일자리를 제공하여야 한다. 임금피크제를 적용하여 정년퇴직을 늦추거나 근로시간을 줄여서 더 오랫동안 일하도록 하거나 일을 하고 싶어 하는 노인과 일터를 연결

시켜 주는 서비스 등을 많이 만들어서 일자리를 제공해야 한다.

    넷째, 노후 대비 교육과 컨설팅을 강화하여야 한다.
    국민연금 가입, 개인연금 가입, 주택연금 등에 가입해 노후를
대비해 미리 준비하여야 한다.

지속가능 개발목표의 시대

UN SDGs(Sustainable Development Goals)는 인류의 보편적 사회문제 (빈곤, 질병, 교육, 여성, 아동, 난민, 분쟁 등), 지구 환경 및 기후변화 문제 (기후변화, 에너지, 환경오염, 물, 생물 다양성 등), 경제 문제(기술, 주거, 노사, 고용, 생산, 소비, 사회구조, 법, 인프라 구축, 대내외 경제)를 해결하고자 2030년까지 17가지 주요 목표와 169개 세부 목표를 설정하여 이행하는 국제 사회 최대의 공동 목표이다.

2015년 제70차 UN 총회 및 UN 지속가능개발 정상회의에서 193개국 만장일치로 제정되었다.

UN SDGs는 2016년부터 2030년까지 새롭게 시행되는 UN과 국제 사회의 최대 공동목표이다. 2000년부터 2015년까지 시행된 새천년 개발목표(MDGs) 종료 후 2개의 글로벌 이슈인 지속가능한 발전 프로세스와 빈곤 감축 프로세스를 통합하여 2015년 9월 새롭게 설정된 목표이다.[39]

지속가능 개발목표

지속가능한 발전 프로세스

1987년 UN 환경과 개발에 관한 세계위원회는 지속가능한 개발의 정의를 "미래세대가 스스로의 요구를 충족시킬 수 있는 능력을 훼손하지 않고 현세대의 요구를 만족시키는 개발"로 정의하였다. 이후 교토의정서, 나고야의정서, 파리기후변화협약이 채택되었다.

빈곤 감축 프로세스

2000년 UN 밀레니엄 정상회의에서 밀레니엄선언문을 채택하였다. 2001년 밀레니엄 개발목표 MDGs를 채택하였고, 개발도상국의 빈곤 감소를 목표로 정부기관, 지방자치단체, NGO 등이 지원하였다. 선진국의 공적개발원조(ODA)로 개발도상국의 기아 근절, 유아사망률 감소, 취학률 향상 등을 위해 지원하였다.

1960년대 식민지 지배를 받던 개발도상국들이 독립하여 UN에 가입하였으나, 1991년 냉전이 종식할 때까지 동서 진영 대결로 크게 관심을 두지 못하다가 1990년대 들어서 전염병, 영양, 교육, 물, 위생 등의 문제에 대한 국제적 해결책을 모색하기 시작했다. 이에 따라 2000년 UN의 밀레니엄선언이 채택되었다.

이러한 2개의 글로벌 이슈인 지속가능한 발전 프로세스와 빈곤 감축 프로세스를 통합하여 UN SDGs가 2015년 9월 UN에서 채택되었다.

세계 각국은 2016년부터 2030년까지 17개 목표, 169개 타깃, 244개 지표를 달성해야 한다.

UN은 국가뿐만 아니라 기업에게도 국제적 우선순위인 SDGs와 연결되는 기업의 목표와 경영 전략을 수립하도록 권고하고 있으며, 대한민국 정부도 KSDGs 국가 지속가능 발전목표를 채택하고 있다.

따라서 SDGs는 전 세계 산업계에도 크게 영향을 미치고 있다. 매년 3조 3,000억~4조 5,000억 달러(3,850~5,880조 원)의 막대한 예산이 SDGs에 투입되고 있으며, SDGs는 글로벌 기업의 경영 핵심가치인 지속가능 경영, ESG경영의 가장 주요한 글로벌 기준이 되고 있다.

SDGs 17개 목표

UN SDGs는 빈곤, 질병 등 인류의 보편적 사회문제, 기후변화, 에너지 등 지구 환경 및 기후변화 문제, 성장, 고용, 소비 등 경제문제를 해결하고자 하는 목표를 가지고 있다.

2030년까지 해결해야 할 17가지 주요 목표는 다음과 같다.

Goal 1: 모든 형태의 빈곤 종결

Goal 2: 기아 해소, 식량 안보와 지속가능한 농업 발전

Goal 3: 건강 보장과 모든 연령대 인구의 복지 증진

Goal 4: 양질의 포괄적인 교육 제공과 평생학습 기회 제공

Goal 5: 양성 평등 달성과 모든 여성과 여아의 역량 강화

Goal 6: 물과 위생의 보장 및 지속가능한 관리

Goal 7: 적정 가격의 지속가능한 에너지 제공

Goal 8: 지속가능한 경제성장 및 양질의 일자리와 고용 보장

Goal 9: 사회기반시설 구축, 지속가능한 산업화 증진

Goal 10: 국가 내, 국가 간 불평등 해소

Goal 11: 안전하고 복원력 있는 지속가능한 도시와 인간 거주

Goal 12: 지속가능한 소비와 생산 패턴 보장

Goal 13: 기후변화에 대한 영향 방지와 긴급조치

Goal 14: 해양, 바다, 해양자원의 지속가능한 보존 노력

Goal 15: 육지생태계 보존과 삼림 보존, 사막화 방지, 생물 다
양성 유지

Goal 16: 평화적, 포괄적 사회증진, 모두가 접근 가능한 사법제
도와 포괄적 행정제도 확립

Goal 17: 이 목표들의 이행 수단 강화와 기업 및 의회, 국가 간
의 글로벌 파트너십 활성화

17개의 목표와 이를 실현하기 위한 타깃의 구체적인 내용은 다음과 같다.[40]

목표 1. 모든 형태의 빈곤을 종식

모든 곳에서 모든 형태의 빈곤을 종식하는 것이 목표다. 자본주의 시스템의 약자인 빈곤층을 포용하여 어느 누구도 뒤에 남겨두지 않는 경제 시스템의 필요성에 관한 목표를 가지고 있다.

구체적 세부 목표는 적절한 사회보장제도와 금융서비스 등 기본적인 서비스를 제공하고, 기후변화 대응, 자연재해, 분쟁, 기타 다양한 위험에 대한 취약성을 감소시키는 것이다.

목표 2. 기아 해소, 식량 안보와 지속가능한 농업 발전

기아를 종식시키고, 식량 안보를 달성하고, 영양을 개선하며, 지속가능한 농업을 촉진한다.

불공정한 식품 공급망으로 세계 인구의 총수요를 크게 웃도는 식량 생산에도 불구하고 수 십 억 인구가 기아에 허덕이고 있다. 이는 선진국 시장을 대상으로 한 기호작물 생산을 우선하는 개발도상국의 농업정책과 싼값의 농작물 공급 구조가 문제이다.

이를 해결하기 위한 세부 목표는 안전하고 영양이 충분한 음식의 공급, 농업 종사자에 대한 지원, 지속가능한 식량 생산, 국제적으로 공정하고 안정적인 농작물 거래이다.

목표 3. 건강 보장과 모든 연령대 인구의 복지 증진

건강한 삶을 보장하고 모든 연령대의 웰빙을 촉진하며 국가, 소득 계층, 지역, 남녀 사이의 의료적 격차와 예방의 지연을 방지하는 목표 이다.

구체적인 세부 목표는 다양한 질병과 사회적 속성에 의한 사망률 감소와 공평한 보건 의료제도의 확립이다.

목표 4. 양질의 포괄적인 교육 제공과 평생학습 기회 제공

포용적이고 공평한 양질의 교육을 보장하고 모든 사람에게 평 생학습 기회를 촉진한다는 목표이다.

구체적인 세부 목표는 포용적이고 공평한 양질의 교육 보장 및 모두를 위한 평생학습 기회 증진과 사회계층, 경제계층 간에 존 재하는 교육 격차를 줄이는 것이다. 또한 모든 사람에 대해 일생 동안 수준 높은 교육을 제공하는 것이다.

목표 5. 양성 평등 달성과 모든 여성과 여아의 역량 강화

남녀평등을 달성하고 모든 여성과 소녀들의 권익을 향상시키 고자 하는 목표이다.

사회적 성별에 따른 분업이 주로 여성의 인권을 침해하는 결 과를 초래한다는 문제의식에 따라 남녀차별과 억압 철폐, 여성 의 능력개발, 사회 진출 촉진을 세부 목표로 한다.

목표 6. 물과 위생의 보장 및 지속가능한 관리

세계 인구의 40%가 물부족에 따른 영향을 받고 있고, 2050년까지 4명 중 1명이 만성적인 물부족에 시달릴 것으로 UN개발계획이 예측하고 있다. 모든 사람에게 물과 위생의 가용성과 지속가능한 관리를 보장하는 것이 목표이다. 수자원에 대한 접근성, 위생적인 물 공급과 오수 처리, 생태계 보호와 회복을 세부 목표로 한다.

목표 7. 적정 가격의 지속가능한 에너지 제공

모두를 위한 저렴하고 신뢰성 있으며, 지속가능하고 현대적인 에너지에 대한 접근 보장이 목표이다. 현대적 에너지 서비스를 제공하는 인프라 구축은 인류의 발전과 생활 향상에 큰 도움을 주므로 신재생에너지 개발과 함께 개발도상국의 에너지 인프라도 구축해야 한다.

세부 목표는 에너지 서비스에 대한 접근성 향상, 재생에너지 이용 비율 확대, 에너지 효율 개선, 온실가스 배출 감소이다.

목표 8. 지속가능한 경제성장 및 양질의 일자리와 고용보장

지속적이고 포용적이며 지속가능한 경제성장, 완전하고 생산적인 고용 및 모두를 위한 좋은 일자리 촉진이 목표이다. 고부가가치형 경제성장의 실현과 고용의 평등, 안전, 인권 등 노동자의 권리 확보가 세부 목표이다.

목표 9. 사회기반시설 구축, 지속가능한 산업화 증진

도로 등의 하드웨어와 인터넷 등 소프트웨어 두 가지 측면의 인프라 정비와 구축, 지속가능하고 혁신적인 산업화 촉진이 세부 목표이다.

목표 10. 국가 내 및 국가 간 불평등 감소

극단적 경제적 격차는 노동생산성과 소비 수요를 줄이고, 경제성장을 하락시키고, 사회를 분열시켜 민주주의와 정치적 안정성을 훼손시킬 위험이 있다.

민족, 성별, 장애 유무, 지역 등의 속성에 따라 발생하는 사회적 격차 줄이기, 경제적 격차 줄이기가 세부 목표이다.

목표 11. 안전하고 복원력 있는 지속가능한 도시와 인간 거주

도시와 인간의 정착촌을 포괄적이고 안전하고 탄력적이며 지속가능하도록 만드는 목표이다.

목표 달성을 위해 재해, 사고, 범죄, 사회복지, 인프라 유지와 관련된 불안의 해소 그리고 자연환경, 거주환경, 교통, 복지, 의료, 취업 기회의 보장이 이행되어야 할 세부 목표이다.

목표 12. 지속가능한 소비와 생산 패턴 보장

자본주의의 기본 축이었던 대량생산, 대량소비형 경제발전 모델이 지닌 환경적 한계를 극복하기 위하여 원재료의 지속가능한 공급과 자원의 이용과 폐기물을 줄이는 것이 세부 목표이다.

자원 이용과 폐기물 감축을 위해서 세계적인 선도기업들 사이에서 순환경제 구축에 대한 흐름이 형성되고 있다.

목표 13. 기후변화에 대한 영향 방지와 긴급조치

기후변화와 그 영향에 대처하기 위해 긴급한 조치가 목표이다.

에너지 전환 부문과 산업 부문의 온실가스 배출 감소 그리고 자연재해로 인한 인적, 물리적, 경제적 피해의 억제가 세부 목표이다.

목표 14. 해양, 바다, 해양자원의 지속가능한 보존 노력

지속가능한 개발을 위해 해양, 바다 및 해양자원을 보존하고 지속가능하게 사용하는 목표이다.

해양 플라스틱 쓰레기가 환경에 끼치는 영향에 대한 우려가 커지고 1회용 플라스틱 사용을 금지하는 국가가 늘어나고 있다. 해양오염의 방지, 과도한 어획에 따른 수산자원 감소 방지, 수산물의 책임 있는 공급이 필요하다.

목표 15. 육지생태계 보존과 삼림 보존, 사막화 방지, 생물 다양성 유지

육지생태계의 지속가능한 사용을 보호, 복원 및 촉진하고, 숲을 지속가능하게 관리하고, 사막화에 대처하며, 토지 분해를 중단하고 생물 다양성 손실을 중단하는 목표이다.

불법적인 벌채, 토양의 침식과 유실을 방지하는 지속가능한 삼림 경영 그리고 삼림 벌채로 인한 서식지 축소를 방지하는 생물 다양성 보전이 세부 목표이다.

목표 16. 평화적, 포괄적 사회 증진, 모두가 접근 가능한 사법제도와 포괄적 행정제도 확립

지속가능 개발목표 1~15 달성을 위해 필요한 전제 조건이 되는 목표이다.

지속가능한 개발을 위한 평화롭고 포괄적인 사회를 촉진하고, 모든 사람에게 정의에 대한 접근성을 제공하고, 모든 수준에서 효과적이고 책임감 있고 포괄적인 기관을 구축하는 목표이다.

목표 17. 이 목표들의 이행 수단 강화와 기업 및 의회, 국가 간의 글로벌 파트너십 활성화

지속가능 개발목표 1~16 달성을 위해 필요한 실시 수단 목표이다. 지속가능한 개발을 위한 글로벌 파트너십 활성화 수단을 강화한다.

〈2030 어젠다〉는 정부 간 협의사항이고 국가 수준에서의 도달

목표이다.

그러나 UN은 국가뿐만 아니라 기업에게도 SDGs와 연결되는 기업의 목표와 경영 전략을 수립하도록 권고하고 있다.

2017년 자산운용회사 블랙록은 런던증권거래소 상장기업 350개사에 CEO 보수를 기업의 실적, 종업원 전체 임금 상승률과 연동시키도록 요구했으며, 이에 동의하지 않으면 주주총회에서 임원 보수안에 대하여 반대 의사를 표시한다.

이는 자본시장이 SDG 10의 목표인 경영자와 근로자의 소득 격차 줄이기에 동참한 사례가 될 것이다.

피할 수 없는 길, ESG경영

경제적 가치와 사회적 가치

하버드대 마이클 포터 교수는 경제적 가치를 창출하는 동시에 사회적 가치도 창출한다는 CSV(Creating Shared Value)를 주장하였다. 이것은 단순히 기업의 사회적 책임을 말하는 CSR(Corporate Social Responsibility)이 아니라 시장에서의 경쟁우위 확보와 새로운 사업에 진입하기 위한 혁신 활동이라는 주장이다.

사회적 책임이 이익을 창출한 후 사회에 그 이익을 환원하는 방식이 아니라 사업의 목표 자체가 되어야 한다. 우리나라에 "개처럼 벌어 정승처럼 쓴다"라는 속담이 있는데, 이제는 정승처럼 벌어 정승처럼 써야 하는 시대가 되었다.

2018년 세계경제포럼에서 딜로이트 글로벌의 포용적 성장 조사 결과 세계 경영인들의 주요 관심사는 4차산업혁명 기술과 포

용적 성장을 위한 지속가능성 전략이었다. 이것은 경영에 대한 근본적인 인식 변화를 보여 준다.[40-1]

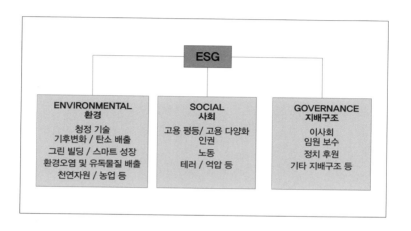

이제 사회적 가치 창출이 경제적 가치 창출과 더불어 모두 중요한 역할을 해야 하는 시대이므로 기업의 경영목표, 경영전략을 재정립해야만 한다.

주주 가치의 극대화라는 목표에서 주주, 종업원, 지역사회, 인류 등 다양한 이해관계자 모두를 위한 가치의 극대화로 전환해야 한다. 이제 소비자들은 상품 가치, 기업의 사업 방식, 환경 친화 여부, 지배구조, 사회기여 여부 등 모든 것을 다 알고 있기 때문이다.

따라서 기업들은 재무적 성과뿐만 아니라 비재무적 성과도 함께 고려하여야 하며, 지속가능 경영을 위해 기업의 비재무적 요소였던 환경(Environment), 사회(Social), 지배구조(Governance)를 기업의 핵심가치로 주목하기 시작했다.

UN은 2006년 투자자들이 투자에 대한 의사결정을 할 때 기업의 환경, 사회, 지배구조 이슈를 고려하여 투자하도록 책임투자원칙(PRI, Principles for Responsible Investment)을 발표하였다.

UN 책임투자에 대한 6대 원칙은 다음과 같다.[40-2]

1. 투자분석 및 의사결정 과정에 있어 환경, 사회, 그리고 기업 지배구조에 대한 이슈들을 포함한다.

2. 소유권 정책 및 행사에 있어 환경, 사회, 그리고 기업 지배구조에 대한 이슈를 포함한다.

3. 투자 대상 기업에 환경, 사회, 그리고 기업 지배구조에 대한 이슈를 적절하게 노출시킬 수 있는 방안을 강구한다.

4. 투자산업 내 책임투자원칙들의 수용 및 실행을 증진시킨다.

5. 책임투자원칙의 수행에 있어 효율성 증진을 위해 협력한다.

6. 책임투자원칙의 수행에 관한 각자의 활동과 진전 상황을 각각 보고한다.

가이던스와 스튜어드십 코드

영국, 독일, 프랑스, 캐나다 등 세계 여러 나라에서 연기금을 중심으로 ESG정보 공시의무 제도를 도입하고 있으며, 뉴욕증권거래소(NYSE) 등에서도 공시의무를 추진하고 있다. 2019년 23개 증권거래소가 ESG정보 공개를 제도화하였으며, 47개 증권거래소가 ESG정보 공개에 관한 가이던스를 제공하고 있다.[40-3]

2021년부터 EU, 미국 등 주요 국가에서 기업의 재무적 성과만을 판단하던 전통적 투자 의사결정 방식과 달리, 장기적 관점에서 기업 가치와 지속가능성에 영향을 주는 비재무적 성과인 ESG(환경, 사회, 지배구조) 등을 반영해 평가하기 시작했다. 기업의 ESG 성과를 활용한 투자 방식은 투자자들의 장기적 수익 추구뿐만 아니라 기업 행동이 사회에 이익이 되도록 큰 영향을 줄 수 있는 것이다.

UN의 SDGs(지속가능 개발목표)와 함께 기업과 투자자의 사회적 책임이 중요해지면서 세계적으로 많은 금융기관이 ESG 평가 정보를 활용하고 있다. 세계 최대 자산운용사 블랙록BlackRock은 자신들이 투자하는 전 세계 기업 최고경영자들에게 ESG정보를 공개하도록 요구하고 있고, 2019년부터 화석연료 관련 매출이 전체 매출의 25%가 넘는 기업들은 투자 대상에서 제외하고, 이사회 중 여성이 2명 미만이면 투자하지 않겠다는 원칙을 밝혔다.[40-4]

최근 우리나라의 경우에도 ESG 공시 가이던스Guidence가 발표되었다. 금융위원회에 따르면 2025년까지 자산 2조 원 이상의 상장회사는 ESG를 의무적으로 공시하여야 하고, 2030년까지 모든 유가증권시장 상장사는 ESG를 의무공시하여야 한다.

금융위는 ESG정보 공개원칙과 절차 등을 담은 지침을 제시해 자율공시를 유도하겠다고 발표하였다. 이제는 ESG경영 점수가 낮으면 수출이 막히게 되는 것은 물론이고 애플과 같은 글로벌 기업과의 거래가 중단될 수도 있다.

2016년 말 스튜어드십 코드^{Stewardship Code}를 도입한 국내 최대 투자자인 국민연금도 ESG 관련 수탁자의 책임을 다하고 있다. 각 기업의 ESG를 평가하여 투자의사 결정에 적극적으로 반영하고, 2022년까지 전체 자산의 50%인 약 500조 원 규모를 ESG 기업에 투자하겠다고 천명하였다. 한국투자공사도 국내 최초로 도입한 글로벌 ESG 전략 펀드 규모를 현재 4억 달러에서 8억 달러로 두 배 확대할 예정이다.[40-5]

SK그룹은 ESG경영에 가장 적극적인 기업이다. SK는 정관을 변경하여 기업은 충분한 이윤을 지속적으로 창출해야 한다는 문항을 삭제하고, 사회적 가치 창출을 통해 사회와 더불어 성장한다고 정관을 개정하였다. 또한, SK는 정관 개정뿐만 아니라 사회적 가치 창출 지표를 개발하여 KPI 지표에 반영하고 있다.

SK㈜는 이사회 산하 위원회로 기존의 감사위원회, 거버넌스위원회에 추가로 인사위원회와 ESG 위원회를 신설하여 ESG경영을 강화하였다. ESG 위원회는 투자 심의 역할을 맡는데, ESG경영에 부합하지 않는 투자는 할 수 없도록 심의하는 것이다.[40-6]

기업은 이제 경제적 가치 창출과 동시에 사회적 가치를 창출해야 하는 시대적 흐름을 거스를 수 없게 되었다. 즉 재무적 성과뿐만 아니라 비재무적 성과도 창출해야 한다. 비재무적 성과도 함께 창출하는 ESG경영을 통해 지속가능 경영을 추구해야만 하는 것이다.

이미 와 있는 미래

가까운 미래가 던지는 질문들

미래사회는 이미 우리 앞에 모습을 드러내고 있으며, 이에 따라 새로운 질서와 함께 삶의 방식을 바꾸도록 요구하고 있다.

가까운 미래에는 모든 산업이 저탄소 산업으로 전환된다. 이것은 명확한 미래다. 2030년까지 탄소 배출량 50%를 감축해야 하고, 2050년 탄소제로 사회의 도래로 화석연료문명은 붕괴될 수밖에 없다. 또한 플라스틱 사용을 줄이기 위한 행동들이 가속화됨으로써 플라스틱 사용 산업은 점차 사양화될 것이며, 모든 산업 분야가 화석연료문명 인프라로부터 분리되어 새롭게 부상하는 그린뉴딜 산업 인프라와 결합하게 될 것이다.

한편, 코로나19 팬데믹이 극복되어 경제, 사회적으로 일상을 되찾게 된다고 할지라도 새로운 팬데믹은 계속해서 발생할 가능성이 크다. 이에 따라 팬데믹에 대응하는 국가적 역량에 의해 각 나라별 경제적 격차와 국민 삶의 방식이 많이 달라질 것이고, 이제 백신개발과 공급 능력이 각국의 경제적 격차를 결정하게 될 것이다. 따라서 팬데믹에 대응하기 위해 백신 주권을 확보하는 것이 매우 중요하다.

따라서 정부는 새로운 팬데믹이 발생할 경우, 충분한 백신을 확보할 수 있어야 하고, 국민에게 백신을 안정적으로 공급하기 위해서는 국산 백신을 개발하는 데 역량을 기울여야 한다. 또한 팬데믹이 발생하는 즉시 백신을 개발하고 생산할 수 있는 인프라를 미리 구축해 두어야 할 것이다.

한편으로 세계 인구는 계속 증가할 것이고, 2050년 100억 인구에 도달하게 될 것이지만 우리나라는 당분간 출산율 저하로 급격하게 초고령화 사회로 진입해 생산가능인구가 부족한 나라가 될 것이다. 이러한 추세로 계속하여 생산가능인구가 줄어들기 시작하면 젊은 층의 경제적 부담이 증가하여 청년층과 고령층 간의 세대 갈등이 발생할 우려가 높다.

또한 이는 내수의 감소로 이어져 기업 활동을 약화시키고, 결혼·출산·육아·교육과 같은 관련 산업을 위축시켜 경제의 역동성을 떨어뜨리며 잠재성장률을 하락시키는 요인이 될 것이므로 대책을 마련해야 한다.

출산율을 높이기 위해서는 무엇보다 안정적인 소득과 일자리가 제공되어야 한다. 일정 부분 경제적 소득이 없으면 안정적 삶을 영위하기가 어렵고 결혼과 출산을 유보할 수밖에 없는 것이다. 무엇보다 중요한 것은 안정적인 일자리와 소득을 창출할 수 있는 경제 시스템이 형성되어야 할 것이고, 출산과 육아에 대한 부담을 공동체가 함께 나누는 사회환경 조성이 뒷받침되어야 할 것이다. 자녀 양육비 부담과 불안정한 소득 구조가 지속되는 한 출산율이 높아지기는 어렵다.

답은 정해져 있다

결국 부강한 경제를 만들고 국민 구성원 모두가 안정적 일자리와 소득을 형성할 수 있는 사회를 만들어야 이러한 문제를 해결할 수 있다. 아울러 무상보육, 무상교육 등 국가와 공동체가 요람에서 성인이 될 때까지 출산과 육아를 완전하게 책임지는 구조로 전환해야 낮은 출산율 문제를 해결할 수 있을 것이다.

또한, 사회보험과 공적 부조로 이루어진 우리나라의 복지 체계에서 제도적 부정합으로 기존의 사회보험제도가 해결하지 못하고 있는 사회적 위험을 줄일 수 있는 사회적 안전망이 필요하며, 요람에서 무덤까지 촘촘하게 평생 복지 체계를 갖추도록 해야 한다.

무엇보다도 지속가능 개발목표(SDGs) 준수와 ESG경영에 대한 요구가 더욱 확고해지고 있다. 따라서 21세기 국제 규범인 SDGs와 ESG경영을 더욱 적극적으로 수용해야 한다.

기업은 이제 경제적 가치 창출과 동시에 사회적 가치를 창출해야 하는 시대적 흐름을 거스를 수 없게 되었다. 이제 ESG경영을 통해 지속가능 경영을 추구하는 기업만이 살아남는 시대가 온다.

CHAPTER 3

TECHNOLOGY
기술적 파도

4차산업혁명 시대

7만 년 전 지구에 등장한 호모사피엔스는 인지혁명, 농업혁명, 1차산업혁명, 2차산업혁명, 3차산업혁명을 거쳐 이제는 4차산업혁명을 맞이하고 있다.

그렇다면 산업혁명을 보다 세분하여 살펴보자.

1차산업혁명: Industry 1.0_ Steam Engine

18세기 말 증기기관을 이용한 기계화 시대로, 사람의 힘이나 동물의 근력이 아닌 기계를 이용하게 된 것이 산업혁명의 본질이다.

- 1712년 토머스 뉴커먼이 양수에 쓰는 증기기관을 발명하였다.
- 1712년 이후 초기 증기기관이 직조기와 증기선에 사용되기 시작하였다.
- 18세기 후반 제임스 와트와 매슈 볼턴이 뉴커먼의 증기기관

을 발전시켜 공장에 동력을 제공하였다. 1830년 이후 이동식 증기기관과 철도의 시대가 열렸다.

2차산업혁명: Industry 2.0_ Electricity and Mass Production

19세기 말 전기를 이용한 대량생산(컨베이어 벨트) 시대로 1875년 이후 강철과 중공업의 시대로 화학공업이 태동하였다.

1910년 이후 석유와 전기를 이용한 대량생산의 시대이며, 자동차와 비행기를 이용한 대중여행과 이동의 시대가 열렸다.

3차산업혁명: Industry 3.0_ IT and Automated Production

20세기 말 IT 기술과 로봇을 이용한 자동화 시대가 열렸다.

인터넷이 이끈 컴퓨터 정보화 및 자동화 생산시스템이 주도한 자동화 시대이다.

4차산업혁명: Industry 4.0_ Artificial Inteligence and Robotics, Cyber Physical System

물리적 현실 세계에서 수집한 자료를 컴퓨터에서 분석하여 다시 현실 세계를 제어하는 기술인 가상물리 시스템의 시대이며, 사물인터넷(IIOT), AI, 빅데이터, 클라우드, 5G 기술을 이용한 초연결 시대이다.

2016년 6월 스위스에서 열린 다보스 포럼Davos Forum에서 클라우스 슈밥Klaus Schwab 의장이 처음으로 언급하였으며 AI, 빅데이터, 클라우드 기술을 통해 실제와 가상이 통합돼 사물을 자동적·지능적으로 제어할 수 있는 가상물리 시스템을 구축하는 산업의 대혁명이다. 자율주행차, 스마트공장, 로봇, 의료, 디지털 헬스케어, 3D 프린터, 드론, 가상현실(VR) 등 각 분야에서 혁신적인 서비스를 창출한다.

4차산업혁명으로 바뀌게 될 미래의 모습은 다음과 같은 모습을 띠게 될 것이다.

- 인텔리전트 스마트 홈: 지능형 스마트 가전, 거주공간 지능화를 통한 노인 케어
- 인텔리전트 커머스: 점포에서 얼굴 인식으로 상품 추천, 구매 데이터를 분석해 맞춤형 광고
- 인텔리전트 메디컬 케어: 생체 데이터, 유전자 정보 등을 활용한 건강관리 가능
- 핀테크: 주식, 채권 등 투자상품 추천, 대출 등 금융상품 지원
- 스마트 교육: 인공지능을 기반으로 하는 대학 커리큘럼 설계, 개인 맞춤형 교육 컨텐츠 제공
- 인텔리전트 시큐러티: 빅데이터를 분석해 사전에 범죄를 예측하여 예방하고, 이상징후를 사전에 감지해 범죄

를 예방

- 인텔리전트 인프라: 전기, 가스, 수도 등의 공급을 자동으로 조절하고 교량, 발전소, 댐 등 공공 인프라의 이상 징후를 감지
- 자율형 안전보장 로봇: 재해지역 구조 활동, 극한 환경에서의 작업을 대체
- 비즈니스 업무환경 변화: 서류 관리, 자료 분석 등을 인공지능을 기반으로 자동화
- 스마트 제조업: 인공지능 기반 맞춤형 제조, 운송 차량 내에서 제조
- 자율배송 유통: 물류창고 내 AI, 로봇, 드론을 이용한 자율 배달
- 스마트 농업: 자동화, 드론 이용, 기상예측 서비스 이용, 농업 보험
- 자율주행차: 새로운 여행 보험 서비스

초연결 시대

혁신 속도는 점점 더 빨라진다. 제품이 출시된 후 전체 미국 시민 25%까지 확산하는 데 걸리는 시간이 점점 더 빨라지기 시작하

면서 페이스북(2004년)은 불과 4년 만에 도달하였는데, 전기(1873년)는 46년, 전화(1876년) 35년, 라디오(1897년) 31년, TV(1926년) 26년, PC(1975년) 16년, 휴대전화(1987년) 13년, 월드와이드웹(1991년) 7년이 걸렸다.[41]

세계 최대 IT 가전 전시회인 'CES 2021'이 미국 소비자기술협회(CTA) 주최로 1월 11일부터 3일간 개최되었다. 매년 초 미국 라스베가스에서 개최되는 세계 최대 첨단 제품전시회로서 올해는 코로나19로 인하여 100% 온라인 행사로 진행되었으나, 오히려 코로나19가 창조적 파괴자 역할을 하면서 5년이 걸릴 변화를 5개월 만에 혁신시키는 결과를 가져온다.

전시회에는 2,000여 개 업체가 참가하였는데, 사물인터넷 센서 관련 업체가 653건, AI 관련 545건, 로봇 산업 관련 265건, 드론 관련 94건이었다. AI가 디지털 전환의 핵심 인프라임을 보여 준다.[42]

초연결 시대는 ABC와 5G 기술이 결합하여 이루어진다. ABC는 AI, 빅데이터Bigdata, 클라우드Cloud를 의미하며, 5G는 이동통신 기술을 의미한다.

초연결 시대의 작동 원리는 다음과 같다.

- 1단계: 사물인터넷(IOT: 인터넷을 기반으로 모든 사물을 연결하여 정보를 상호 소통하는 지능형 기술 및 서비스)이 센서, 로봇, 스마트

폰 등을 통해 데이터를 취득, 수집한다.

- 2단계: 5G 기술로 데이터를 전송하여 데이터 댐을 구축, 클라우드에 정보를 축적한다. (데이터 댐에 데이터를 축적하고 가공 및 결합한다.)
- 3단계: AI가 데이터를 이용해 분석하고 판단하고 추론하여 AI 혁신 서비스를 창출한다. 즉 자율주행차, 스마트 공장, 로봇, 의료, 디지털 헬스케어, 3D 프린터, 드론, 가상현실(VR) 등 각 분야에서 혁신적인 서비스를 창출한다.

과거 경제의 생산요소는 토지, 자본, 노동력이었다. 미래의 생산요소는 인터넷, 데이터, AI이며, 이것을 연결해 주는 통신수단이 5G이다.

5G의 초고속, 초저지연, 초연결 특징을 활용해 재택근무, 원격교육, 원격의료 등 비대면 서비스와 스마트 공장, 클라우드 게임, VR, AR 등 모든 IT 분야의 발전을 가속화할 수 있다.

이동통신기술을 살펴보면 2G는 디지털 음성, 3G는 글로벌 로밍, 4G는 무선인터넷, 5G는 사물인터넷, 스마트 도시, 스마트 공장, 자율주행 자동차, 드론 등을 연결하는 초연결 기술이다.

현재, 전 세계는 6G 기술 실현을 위한 기반을 조성하고 있다. 스페이스 X, 테슬라의 CEO 일론 머스크는 스타링크 프로젝트를 통하여 인공위성 12,000개를 쏘아 올려 전 지구에 통신망을 구축하겠다는 계획을 실행하고 있는 중이며, 현재 900개의 인공위성을 쏘아 올린 상태이다.

새로운 자본, 빅데이터

4차산업혁명 시대에서 빅데이터는 새로운 자본이다. 빅데이터는 3V, 즉 용량(Volume), 다양성(Variety), 속도(Velocity)라는 세 분야의 혁명이 융합되면서 시작되었다.

인공지능은 비정형 데이터를 처리 가능하게 하고, 분산 컴퓨팅 기술은 데이터 처리 능력을 급격하게 개선하였으며, 머신 러닝은 데이터 학습이 가능한 스마트 알고리즘을 개발한다.

클라우드 서비스 제공자들은 그들의 고객을 위해 데이터의 저장, 분석, 관리 업무를 제공한다. 실제 비즈니스에서 사용되는 데이터는 1년 2개월 만에 2배가 될 것으로 예상된다. CES 2021을 주최하는 미국 CTA 발표에 따르면 지난 10년 동안 빅데이터 양이 50배 증가하였다고 한다.

2020년 빅데이터 양은 9,000엑사바이트(1EB=1048576TB)이며, 엔터프라이즈 데이터, 인터넷 전화, SNS 데이터, 센서 데이터의 폭발적 증가로 인해 2010년 대비해 50배가 증가한 것이다.[43]

빅데이터는 새로운 직업을 만들어 낸다. 데이터를 가공하고 처리하고 분석하는 수많은 직업이 새로 창출된다.

하지만 빅데이터 산업 활성화를 위해서는 규제 개선과 정보보안이 필요하다. 또한 어떤 공공 데이터를 개방할 것인지, 어떤 개인정보를 보호할 것인지 판단하고 조정하는 대책이 필요하다.

2020년 G20은 디지털세에 대한 논의를 시작하였다. 구글세라고도 하는데, 빅데이터가 주요한 생산요소가 되었으므로 데이터 사용에 세금을 부과하는 논의가 진행 중인 것이다.

국제 조세 원칙상 법인세는 고정 사업장이 있는 곳에 부과하는데, IT 기업은 서버가 있는 곳을 고정 사업장으로 본다. 따라서 서버를 세율이 낮은 아일랜드와 같은 국가에 두고 실제로는 전 세계에서 수익을 창출하고 있으므로 구글, 아마존, 페이스북 등 IT 기업들의 소득 이전 행위를 막고 수익이 발생하는 국가에서 과세를 하자는 논의가 이루어지고 있다.

블록체인: 비트코인과 메타버스

2009년 서브프라임 모기지 사태로 촉발된 금융위기 이후 사토시 나카모토는 비트코인 백서를 발표한다. 독점적으로 화폐를 발행하는 중앙은행과 기존 금융질서에 대한 문제점을 인식하고, 금융기관을 거치지 않고 개인끼리 거래를 하는 전자화폐 시스템을 도입하자는 내용이었다.

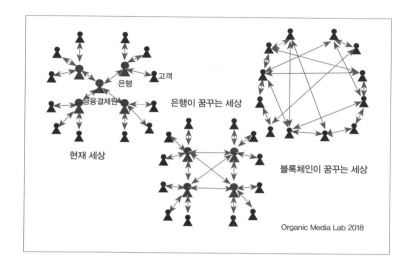

현재 세상

은행이 꿈꾸는 세상

블록체인이 꿈꾸는 세상

Organic Media Lab 2018

2009년 블록체인기술이 세상에 공개되었을 때 1BTC는 0.0025달러로서 라지 사이즈 피자 한 판을 1만 비트코인으로 거래하기도 하였다. 현재는 페이팔이 비트코인으로 결제가 가능하도록 하고 있으며, 베네수엘라는 군대를 동원해서 비트코인을 채굴하고 있을 만큼 확산되었다.

블록체인 기술은 분산장부를 통해 기록을 하는 공정거래장부 기술이다. 지배적인 중앙 세력이 사라지므로 정치, 경제, 사회, 문화의 큰 변화를 주도하는 기술이다. 블록체인은 새로운 블록을 만들어 체인으로 연결하는 기술이며, 새로운 블록을 생성하여 리워드를 받는 것을 '채굴'이라고 한다.

이러한 기술의 합의 알고리즘은 작업 증명, 지분 증명이 된다. 블록체인 기술은 각 서비스 영역마다 다른 암호화폐를 사용하는데, 해외송금 서비스는 비트코인이 가장 유용하다.

블록체인 1세대는 비트코인으로 중개기관이 없는 돈 거래를 실현하기 위한 수단이며, 블록체인 2세대는 이더리움으로 스마트 컨트랙트 기능을 추가하여 계약 내용을 포함시키는 거래를 할 수 있다.

블록체인 기술은 분산장부 기술을 이용하여 디지털 자산을 토큰화시키는 토큰 경제를 주도한다. 그렇게 되면 기업이 주식 대신 코인을 발행하게 되고, 각종 거래에서 사용되던 계약서 등이 코인화되어 블록체인 기술로 분산장부에 기록되는 것이다.

블록체인 기술과 그로 인해 파생된 수많은 코인이라는 거래 수단이 더 투명하고 편리한 거래 수단이 될 수 있어 더욱 확산될 것으로 보인다. 주식, 부동산 등 많은 자산을 토큰화시킬 것이고, 이로 인해 부동산, 예술 작품의 일부만 사고팔 수도 있을 것이다. 실제로 토큰화된 강남의 빌딩을 다수의 소유주에게 판매하였고, 월세 수입을 소유주에게 분배하고 있다. 토큰화된 코인은 부동산 가치상승 기여자에게 분배하여 실리콘밸리의 스톡옵션 기능처럼 주주 배분과 기업 성장에 도움을 줄 수 있다.

또한 블록체인 기술은 AR(증강현실), VR(가상현실) 기술과 함께 가상세계, 즉 메타버스Meta Verse를 만들어 내고 있다. 미래에는 인류가 VR을 통해 무한한 가상의 세계로 날아가서 활동하게 될 것이다. 마치 미국 서부개척시대처럼 가상의 세계에서 새로운 흥미를 개척하고, 소득을 창출하는 가상세계가 열리는 것이다.

국경을 초월하는 메타버스에서는 암호화폐가 통용될 가능성이 높다. 이는 블록체인 기술로 디지털 통화 거래 내역을 투명하게 기록할 수 있기 때문이다.

수많은 메타버스 서비스 중 가장 주목을 받는 것은 로블록스이다. 로블록스는 현실 세계와 가장 가깝게 구현된 가상 세계로 평가받고 있다. 비즈니스 오브 앱에 따르면 로블록스의 이용자는 2020년 1억 5,000만 명이고, 2018년 13세 미만 아이들을 대상으로 회사가 자체 조사해 발표한 결과에 따르면 유튜브, 넷플릭스, 페이스북보다 월 사용 시간이 많은 것으로 나타났다. 우리나라에서는 제페토가 메타버스 플랫폼으로 서비스를 제공하고 있다.

비트코인은 결제 가치보다 자산 가치가 크다. 자산 가치 변동성이 크기 때문에 선물거래소에서 헷징을 하여야 안정성을 확보할 수 있다.

한국회계기준원에 따르면 전 세계 140여 개국에서 사용하는 회계기준인 IFRS를 제정하는 기구인 국제회계기준위원회(IASB)

산하 IFRS 해석위원회는 2019년 6월, 암호화폐를 금융자산으로 분류할 수 없다는 유권해석을 내렸다. 즉 암호화폐를 현금, 예금, 주식, 채권과 같은 금융자산이 아닌 무형자산으로 본 것이다.

기업이 판매 목적으로 암호화폐를 보유하고 있는 경우는 재고자산으로 분류하고, 그 외의 경우는 무형자산으로 분류하는데, 이에 따라 암호화폐를 무형자산으로 인식하여 부가가치세의 과세 대상으로 볼 수도 있는 것이다.

그러나 전 세계적으로 암호화폐에 대하여 부가가치세를 부과하고 있는 나라는 아직 없다. 우리나라도 부가가치세를 부과하지 않고 있다. 다만 2022년부터 암호화폐 거래에 대한 양도소득세를 부과하며, 250만 원이 넘는 양도차익에 대해서는 20% 세율을 적용하여 과세한다.

앞으로 암호화폐는 더욱 많이 생겨날 것이고, 암호화폐에 대한 거래는 더욱 증가할 것이다.

그러나 암호화폐에 대한 투자에 있어서는 신중을 기해야 한다. 암호화폐 거래의 불안정성과 내재 가치의 불확실성을 고려할 수밖에 없기 때문이다.

디지털 전환의 핵심 인프라 AI

AI 인재유치 전쟁

인공지능 의사 왓슨

가천대학교 길병원은 IBM이 개발한 인공지능 왓슨을 도입했다. 왓슨은 환자의 특성과 과거 병력 등을 입력하면 전 세계 논문과 치료 데이터를 바탕으로 치료 방법과 처방약에 대해 우선순위를 붙여 제공한다. 물론 최종 치료법은 의사가 결정한다.

AI 스님 셴얼

중국 베이징에 있는 용천사에는 AI 스님이 있다. 로봇 스님 셴얼은 고승들의 방대한 설법 데이터를 분석해 불자들의 고민과 질문에 답을 준다. 사람이 상담할 때보다 부담이 적어 찾는 신도들이 많다고 한다.[44]

지능은 다양한 환경에서 목표를 달성하는 행위자의 능력을 측정하는 도구이다. 미국 심리학자 하워드 가드너Howard Earl Gardner는 인간 지능을 9가지로 분류하였다. 언어, 논리-수학, 음악, 공간, 신체-운동, 대인관계, 자기 이해, 자연 친화, 실존지능이다.[45]

요리사가 요리를 할 때의 경우를 살펴보자. 결국 요리를 하는 것은 손이 아니라 인간의 뇌이다. 뇌가 어떤 재료를 가지고 어떻게 요리할지 판단하고 지시하는 것이다. 즉 지능이 요리를 하는 것이다.

요리를 하기 위해서는 레시피와 식재료, 가스레인지가 필요하다고 할 때, 인공지능은 레시피를 개방, 공유, 협업을 통한 기계학습인 딥러닝으로 배운다. 식재료는 빅데이터이다. 인터넷 및 IOT를 통해 빅데이터를 얼마나 수집할 수 있는가 하는 수집 능력이 관건이다.

인공지능의 가스레인지는 클라우드 컴퓨팅이다. 강력한 병렬 및 분산처리 능력이다.[46] 결국 인공지능은 빅데이터를 수집하여 분석하고 판단하여 추론한다. 그리고 이러한 인공지능 기술은 자율주행차, 스마트 공장, 로봇, 의료, 디지털 헬스케어, 3D 프린터, 드론, 가상현실 등 모든 분야에서 혁신적인 서비스를 창출한다.

올해 개최된 CES 2021에서도 인공지능이 4차산업혁명의 핵심기술임이 증명되었다. 2,000여 개 참여업체 가운데 사물인터넷 센서 관련 업체가 653건, AI 관련 545건, 로봇 산업 관련 265건으로 AI가 디지털 대전환의 핵심 인프라임을 잘 보여 주고 있는 것이다.

맥킨지 2020 글로벌 기업 AI 투자 동향 조사보고서에 의하면 구글, 아마존 등 AI 활용 기업의 61%가 AI에 대한 투자를 늘렸다. 우리 기업들도 LG가 1억 달러를 초거대 AI 개발에 투자하기로 하는 등 정보기술 대기업들이 인공지능을 핵심사업 전략으로 투자에 나서고 있다.

AI 주도 디지털 전환은 제조업, 서비스업 모두 적용이 가능하다. 즉 AI 기술을 이용하여 한국 국내총생산 비중 60%에 달하는 서비스업의 낮은 생산성을 10% 올린다면 경제성장률을 5% 이상 높일 수 있는 것이다.

따라서 세계는 AI 인재를 유치하기 위한 전쟁을 벌이고 있는 중이다. 전 세계 AI 인재 36,000여 명의 50%는 미국에 있고, 특히 36%는 실리콘밸리에 있다. 이것이 미국이 AI 기술에서 앞서가는 이유이다.

인공지능의 활약: 알파고와 이세돌의 대결

전 세계는 언어, 논리-수학, 음악, 공간, 신체-운동, 대인관계,

자기 이해, 자연 친화, 실존지능과 같은 영역에서 인간의 지능과 같은 수준의 인공지능을 만들기 위해 연구하고 있다. 『특이점이 온다』의 저자 레이 커즈와일Ray Kurzweil은 2045년이 되면 싱귤레러티, 즉 AI의 지능이 인간의 지능을 넘어서는 특이점이 온다고 주장했다. 인공지능 기술의 발전에 따라 인간을 대신하는 지능이 머지않은 시기에 다가오게 될지도 모른다.

2016년 3월, 구글의 알파고와 세계 바둑챔피언 이세돌의 대결이 있었다. 세계인의 관심이 집중된 이 대결은 예상과 달리 이세돌이 인공지능 알파고에 4:1로 패하는 결과를 가져왔다. 그 후 인공지능은 발전을 계속하면서 프로 포커게임 선수를 상대로 한 포커 게임, 컴퓨터 게임에서는 프로게이머를 상대로 승리를 거듭하고 있다. 이뿐만 아니라 다른 모든 인간 지능의 영역에서도 인공지능이 인간을 따라잡으려고 하고 있다.

영역별로 인공지능의 활약을 살펴보자.[47]

게임 분야

- 1997년, IBM 딥블루가 세계 최고 체스챔피언 게리 카스파로프에 승리하였다.
- 2011년, 왓슨이 퀴즈쇼 제퍼디에서 역대 퀴즈왕들을 상대로

승리하였다.

- 2016년, 구글의 알파고가 유럽 바둑대회 우승자 판후이에 승리하였고, 2016년 3월 구글의 알파고가 세계 바둑챔피언 이세돌에 4:1로 승리하였다.
- 2017년, 카네기멜론대학의 리브라투스가 프로 포커선수 4명을 상대로 승리하였다.
- 2019년, 구글의 알파스타가 스타크래프트 게임에서 프로게이머를 상대로 승리하였다.

이미지 인식 분야

- 2012년, 구글은 시스템의 특별한 자극이나 유도 없이 특정 부류의 물체를 인식하는 데 성공하였다.
- 2014년, 마이크로소프트는 아담 웰시코기 견종을 구분하고 인식하는 데 성공하였다.
- 2014년 3월, 페이스북 딥 스페이스는 유명인 사진을 모은 데이터베이스를 활용해 이미지 인식 정확도를 97%까지 달성하였다.

언어 번역 분야

네이버의 파파고, 카카오의 아이, 한글과컴퓨터의 말랑말랑 지니톡고 등이 언어 번역 서비스를 제공한다. 지니톡고는 한컴과

전자통신연구원이 공동으로 개발한 인공지능을 기반으로 하는 자동 통번역 소프트웨어로서 29개 언어 통번역 지원이 가능하다.

음성 인식 분야

- 음성인식 기반의 질의응답 인공지능 플랫폼은 왓슨이 있다.
- 애플은 애플워치로 수집한 수면 상태와 운동 기록 등을 왓슨이 분석하여 개인별 맞춤형 프로그램을 제공하고 있다.
- 존슨&존슨도 인공관절, 척추 수술 환자 정보를 분석해 맞춤형 프로그램을 제공하고 있다.
- 힐튼호텔은 로봇 안내원 코니가 여행지와 호텔 이용 정보를 분석해서 개인별 맞춤형 여행 정보를 제공하고 있다.
- 디트로이트 피스톤스는 스포츠에 활용하여 관람객에게 실시간 정보를 제공한다.
- 노스페이스는 패션에 적용하여 날씨와 성별 등에 따라 최적의 제품을 추천하고 있다.
- AI 스피커로는 SKT 누구, KT 기가지니, 삼성 빅스비, 네이버 클로바 등이 있다.

문학 분야

인공지능은 예술의 영역으로 뻗어나가 창작 활동을 하고 있다. 마이크로소프트의 인공지능 챗봇 샤오이스가 현대 시인 519명의 시를 읽고 1만여 편의 시를 창작하였다. 그리고 일부 시를 모아 시집 "햇살은 유리창을 잃고"를 출간하였다. 2020년 개최된 대전 비엔날레의 슬로건은 "AI 햇살은 유리창을 잃고"이다.

미술 분야

2018년 10월, AI 화가가 그린 그림이 세계 최초로 경매에서 낙찰되었다. 미국 뉴욕 크리스티 경매장에서 AI 화가 오비어스가 그린 초상화 '에드몽 드 벨라미'가 432,000달러(한화 약 5억 원)에 낙찰된 것이다. AI 화가가 창작으로 그려낸 초상화가 애초 예상가보다 40배 높은 가격에 판매된 것이 큰 이슈가 되었다.

2019년 영국에서는 휴머노이드 아이다가 단독 미술 전시회를 개최했다. 아이다는 예술성과 창의성을 학습해서 담보되지 않은 미래를 주제로 그린 추상화 작품 전시회를 개최하였다.

의료 분야

인공지능은 병리학 분야에서도 빠르게 발전하고 있다. 2016년 네덜란드의 라드바우트^{Radboud} 대학병원에서는 암 진단을 위한 슬라이드판독 국제대회 'CAMELYON16'을 개최하였는데, 인공지능이 유방암수술 환자들로부터 얻은 슬라이드를 판독하여 암 여부와 암의 위치를 정확하게 찾는 대회이다.

하버드대학 의과대학과 MIT의 연합팀은 슬라이드의 암 여부

판독 부문과 슬라이드에서 암의 위치를 찾는 부문 모두 우승하
였다. 평균적으로 의사의 암 판독 오진율은 3.5%이고, 인공지능
의 오진율은 2.9%이다. 의사와 인공지능이 협진을 하는 경우 오
진율을 0.5%로 줄일 수 있다. 피부질환 진단에도 인공지능 기술
이 적용되고 있다. 스탠포드대학의 인공지능 기술도 사진을 통
해 피부질환을 진단하는데, 인공지능의 피부질환 진단 정확도는
72.1%로서, 피부과 전문의들의 평균 정확도 65.6%보다 높다.

자율주행차 분야

자율주행차 분야에서도 인공지능 기술은 빠르게 발전하고 있
다. 현대자동차, 테슬라, BMW, 토요타 같은 자동차회사뿐만 아
니라 구글, 애플에서도 자율주행 자동차 기술을 연구하고 있다.

자율주행 자동차 레벨은 다음과 같다. 아직 레벨 4의 자동차는
생산되지 않았다.

구분	LEVEL 0	LEVEL 1	LEVEL 2	LEVEL 3	LEVEL 4
자율주행기술 수준	운전자 제어	1개 이상 특정 제어 가능	2개 이상 특정 제어 가능	가속, 주행, 제동 자동수행	100% 자율주행
운전자 역할	직접 운전	직접 운전 (운전보조장치)	주행 상황 항상 주시	필요시 운전자 개입	목적지만 입력
대표 기능		앞차 간격, 차선 인식 등	장애물 회피, 브레이크 제어	저속주행, 고속도로 주행	
시기		현재		2030년 이후	

미래 모빌리티 생태계에서는 전기차, 자율주행 시스템, 로봇, 항공 등 기술 외연을 확대하는 기업만 살아남는다. 모두 고효율 모터, 배터리, 인지 판단 제어시스템 등이 핵심기술 요소라는 공통점이 있다.

GM은 2021년 CES에서 개인 비행 모빌리티(PAV)인 VTOL(Vertical take-off and landing)을 공개하였는데, 교통체증이 심한 도심의 교통수단으로서, 최대 시속 90킬로미터로 건물 옥상의 헬리콥터 존이나 지붕에서 수직 이착륙해 쉽고 빠르게 이동할 수 있다. 이제 개인 항공 시대도 머지않아 열릴 것이다.

금융 분야

미국 하버드대학 출신 대니얼 네이틀러가 개발한 인공지능 켄쇼는 기사 및 자료검색, 시장동향 분석, 투자 조언을 제공하는 딥러닝 기반 인공지능 프로그램이다. 켄쇼는 50만 달러의 연봉을 받는 전문 애널리스트가 40시간을 소비해야 할 수 있는 작업을 몇 분 내에 처리한다.

켄쇼와 인공지능으로 인하여 골드만삭스는 트레이더 600여 명을 해고하고, 2명이 그 일을 처리하고 있다.

- 시티그룹은 인공지능으로 SNS 데이터를 분석하여 신용등급 판단에 활용하고 있다.
- 일본 미쓰비시 도쿄은행은 휴머노이드 로봇 나오를 통해 환

전과 송금 업무를 수행하고 있다.

- 중국 위뱅크는 인공지능을 활용하여 대출심사는 2.4초, 송금은 40초 이내에 해결한다.
- 글로벌 카드회사 비자는 결제 반지를 준비 중이다. 2021 도쿄올림픽 공식 파트너 회사인 비자는 올림픽에서 현금, 신용카드, 휴대폰 없이도 손쉽게 결제할 수 있는 서비스를 제공할 계획으로 결제 반지를 준비 중이다.

교육 분야

조지아공대 아슉 고엘 교수 연구진은 여성 조교 시스템 질 왓슨을 구축하였다.

질 왓슨은 온라인으로 개설한 인공지능 과목의 조교를 맡아 질문에 답변을 해 주었는데, 97% 정확도로 학생들에게 답변하였다. 그리고 학생들은 질 왓슨이 인공지능인지 몰랐다.

법률 분야

미국 로펌 베이커엔 호스테를러가 인공지능 변호사 로스ROSS를 고용하였다.

로스는 IBM 왓슨 기술이 접목된 인공지능으로 판례 수집 및 분석 업무를 수행하는데, 수 천 건의 관련 판례를 수집하고 분석하여 사건 처리에 도움이 될 정보를 취합하는 것이 업무이다.

인공지능의 윤리: 여성 챗봇 이루다

20살 AI 여성챗봇 '이루다'는 한때 선풍적 인기를 끌었으나 성소수자를 향한 혐오 표현과 성희롱의 목적으로 남용되며 서비스가 중단되었다. 인종차별, 성차별과 같은 사회의 편견이 담긴 데이터의 입력으로 인한 바이어스가 발생한 것이다.

사람들은 AI 기술의 사용자인 동시에 제공자가 된다. 데이터를 수집하고 알고리즘을 개발하는 단계에서도 윤리적인 이슈는 반드시 필요하다. 따뜻한 AI를 탄생시키기 위해 개발 과정에 심리학, 인류학 등 인문학 전문가도 참여하는 것이 필요한 것이다.

안전한 AI 운동을 이끄는 미국의 비영리 단체 미래의 삶 연구소는 2015년 7월 AI 무기개발 금지를 요구하는 공개서한을 발표하였다. 2017년 11월 AI 무기에 관한 첫 UN 공식 전문가 회의가 스위스에서 개최되었다. AI 기술이 군사 분야에 사용될 소지가 크므로 핵무기의 전철을 밟지 않도록 막아야 한다는 것이다.[48]

에스토니아 스타트업 스타십 테크놀로지스는 로봇 기술을 기반으로 하는 무인배송업체이다. 그들은 기아, 빈곤, 환경문제 등 국제기구에서 다룰 전 지구적 문제를 AI 기술로 해결할 수 있다는 비전을 갖고 있다. 로봇 기술을 활용해 구호물품, 생필품 등을 원거리까지 배송할 수 있다고 믿는 것이다.

구글도 인공지능의 윤리적 문제와 관련하여 AI 기술의 적용 목표를 다음과 같이 정하였다.

1. 사회적으로 유익해야 한다.

2. 불공정한 편견을 만들거나 강화하는 것을 피해야 한다.

3 안전을 위해 만들어지고 실험되어야 한다.

4. 사람들이 신뢰할 수 있어야 한다.

5. 개인정보보호 설계 원칙을 포함한다.

6. 높은 수준의 과학적 우수성을 유지한다.

7. 이러한 원칙에 부합하는 용도로 사용할 수 있어야 한다.

또한 구글은 추구하지 않을 AI 기술도 천명하였다.

1. 전반적인 피해를 유발하거나 유발할 가능성이 있는 기술.

중대한 위해 가능성이 있는 경우, 이익이 위험보다 훨씬 크다고 생각하는 경우에만 진행하고 적절한 안전규제를 포함한다.

2. 사람에게 상해를 유발 혹은 촉진하는 것이 주된 목적인 무기 또는 기타 기술.

3. 국제적으로 인정되는 규범을 위반하는 감시를 위해 정보를 수집하거나 사용하는 기술.

4. 목적이 널리 인정되는 국제법 및 인권원칙에 위배되는 기술.

로봇과 공존하는 사회

로봇의 행동 원칙

'로봇'이라는 단어는 1920년대 체코 작가 카렐 차페크^{Karel Capek}가 처음으로 사용하였다. 그의 작품인 『로숨의 유니버설 로봇』에서 인간의 모습을 한 로봇이 공장에서 저렴한 비용으로 두 사람 몫의 일을 해 내는 모습으로 등장한다.[49]

로봇은 외부 환경을 인식하고, 판단하며, 동작하는 기계이다.

- 1단계 Sense: 인간의 오감에 해당하는 시각, 청각, 촉각 카메라와 음성인식 입력 센서 등을 이용해 외부 환경을 인식.
- 2단계 Think: 인간의 두뇌에 해당하는 컴퓨터 제어기 등을 이용하여 상황을 판단.
- 3단계 Act: 인간의 손, 팔, 다리와 같이 부품을 자율적으로

동작하는 지능적인 기계이다.

유명한 SF 작가 아이작 아시모프(Isac Asmov)는 1950년에 발간한 『아이 로봇』에서는 로봇의 행동을 규제하는 세 가지 원칙을 제시하고 있다.

제1원칙, 로봇은 인간에게 해를 끼쳐서는 안 되며 인간의 위험을 모른 체해서도 안 된다.

제2원칙, 로봇은 인간의 명령에 절대복종해야 한다. 단 명령이 원칙 1에 어긋날 때는 따르지 않아도 된다.

제3원칙, 원칙 1과 원칙 2에 위배되지 않는 한 자기 자신을 보호해야 한다.

로봇과 일자리

로봇의 등장으로 일자리가 사라질 것에 대한 우려와 인간의 노동을 대체하는 편리한 도구로서 긍정적 기대감이 공존하고 있다.

긍정적인 견해

손정의 소프트뱅크 회장, 마윈 알리바바 회장은 로봇을 적이 아닌 우리의 가족이자 동료라고 하였다.

맥킨지는 미국 내 로봇 자동화로 완전히 인간을 대체할 직업은 5% 미만이고, 오히려 인간과 협력을 통해 업무 효율성이 증가할 것이라고 주장하였으며, MIT 인공지능연구소장 로드니 브룩스 Rodney Brooks 교수는 급속도로 진행 중인 고령화로 로봇 도입이 불가피하다고 주장하였다. 스티븐 코틀러Steven Kotler 교수 또한 인간의 업무 중에서 반복적이고 육체적으로 부담이 큰 일, 힘들고 보상이 작은 일 등을 대체할 수 있으며, 인간은 새롭고 더 보람 있는 일에 전념하는 것이 가능하다고 주장한다.[50]

부정적 견해

미국 가트너Gartner사는 10년 뒤가 되면 전체 직업의 1/3이 사라질 것으로 예상했으며, 포레스터 리서치Forrester Research는 2025년까지 로봇에 의해 미국에서만 일자리 2,270만 개가 사라질 것으로 예측하였다. 또한 영국 옥스포드대학 연구진은 일본 49%, 미국 47%, 영국 35%의 노동인구가 대체될 가능성이 있다고 주장하였다.

향후 로봇으로 일자리가 대체되리라 예상되는 직업은 단순한 행정, 노동, 데이터 처리업무, 반복적인 작업을 하는 직종, 여행 가이드, 제빵사, 약사, 보험판매원 등이다. 다만 공감력, 직관력, 사회친화력이 중요한 직종들은 대체될 가능성이 낮다고 본다.

빌 게이츠는 부작용을 불러올 문제를 해결하기 위한 대안으로 로봇세를 주장하면서 로봇이 사람들이 하는 일을 대체하므로 로봇에게 소득세와 4대 보험료를 징수하자고 제안하였다.

그는 로봇으로 인해 사람은 온정과 공감이 필요한 사회적 일을 할 수 있게 되고 그로 인해 한 걸음 더 진보하는 것이라고 주장한다.[51]

로봇과 AI의 확대는 거스를 수 없는 대세이다. 로봇과 공존하는 사회, 청소기처럼 생활필수품으로 1인 1로봇을 가지는 시대가 곧 도래할 것이다.

따라서 로봇과 AI에 의한 일자리 감소의 위기를 기회로 이용하여야 하고, 로봇은 기업의 생산성과 경쟁력 제고를 위해 활용되어야 한다. 로봇에 의한 생산성 증가는 수요 증가로 이어지고 새로운 일자리를 창출할 수 있으며, 고숙련 노동자에 대해서는 임금 인상 기회가 될 수 있다.

로봇은 일자리의 대체재가 아니라 인간의 노동 활동을 대신해 줌으로써 인간이 보다 인간다운 일을 할 수 있도록 돕는 데 쓰여야 하며, 로봇 자동화는 인간이 고숙련, 고품질, 고소득 업무에 집중할 수 있는 기회를 제공하게 될 것이다.

한편 정부와 기업은 로봇 및 자동화에 의해서 창출되거나 변경되는 일자리와 관련하여 재교육 및 기술 습득을 제공해야 한다.

1인 1로봇의 시대

로봇은 크게 서비스 로봇과 산업용 로봇으로 나뉜다.

서비스 로봇은 애완용 로봇, 청소 로봇 같은 개인용 로봇과 의료용 로봇 같은 전문 로봇으로 구분된다.

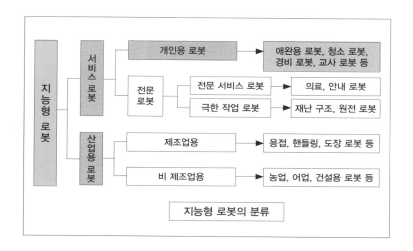

지능형 로봇의 분류

산업용 로봇은 용접, 도장 등 업무처리를 하는 제조업용 로봇과 농업, 건설용 로봇 등 비제조업용 로봇이 있다.

제조용 로봇은 전통적인 산업용 로봇이고 협동 로봇이다. 과거에는 안전 펜스를 통하여 작업자와 로봇을 분리하여 작업하였으나 미래에는 인간과 로봇의 협업을 위하여 동일한 공간에서 같이 작업하게 될 것이다. 의료용 로봇은 원격수술, 절개수술 시 손떨

림을 해결해 줄 수 있으며, 또한, 웨어러블 로봇은 근력 증강을 통하여 중량물 처리가 가능해질 것이다.

세계 로봇 시장

전 세계에서 제조용 로봇은 중국이 전체의 36% 이상을 차지하고 있다. 2018년을 기준으로 중국 154,000대, 일본 55,000대, 미국 40,000대, 한국 38,000대, 독일 27,000대로서 주요 5개국이 전체 시장의 74%를 차지하고 있다.

세계 로봇 시장 규모[51]

출처: WORLD ROBOTICS 2019 (단위: 억 달러)

연도	2012	2013	2014	2015	2016	2017	2018	비율
전체	133	148	163	179	203	249	294	100%
제조용 로봇	86	95	101	111	131	162	165	56.1%
서비스 로봇(전문)	34	36	40	46	47	66	92	31.3%
서비스 로봇(개인)	12	17	21	22	27	21	37	12.6%

산업용 로봇이 폭발적으로 증가하고 있는 이유는 로봇의 기능이 더 좋아지고 비용이 저렴해지기 때문이다. 또한 독일, 일본 등 선진국이 초고령화 사회가 되면서 노동력을 대체할 로봇 수요가 증가하며, 중국의 경제 성장으로 인한 노동력 대체 수요가 증가

하게 되면서 중국 회사들의 로봇 수요 증가에 기인한다.

근로자 1만 명당 로봇 적용 수를 로봇 밀도라고 한다. 2018년 세계 평균 로봇 밀도는 99대이다.

유럽 평균 114대, 미국 평균 99대, 아시아 평균 91대이며, 로봇 밀도에서 세계 1위는 831대로 싱가포르이고, 한국은 774대로 2위이다. (출처 WORLD ROBOTICS 2019)

세계 각국은 로봇 연구개발에 대한 투자를 확대하고 있다. 미국은 범부처 사업인 NRI(National Robotics Initiative)를 2011년에 시작하였고, 협동 로봇 개발 지원과 로봇 기술의 인테그레이션integration에 중점을 두고 있다.

중국은 '중국 제조 2025 핵심 산업 분야'에 로봇을 선정하고, 로봇 산업 발전계획을 발표하여 핵심 기업을 육성하고 있으며, 일본은 2021년 도쿄올림픽을 준비하면서 인간을 행복하게 하는 로봇이라는 모토로 로봇올림픽 개최를 계획하고 있다. 범정부 차원에서 로봇 신전략을 추진하면서 올림픽을 통해 로봇 기술을 선보이며 로봇 수출국으로 자리매김하겠다는 것이다.

삼성전자는 최근 라스베가스에서 열린 CES 2021에 삼성봇 핸디를 출품하였다. 로봇 핸디가 컵에 물을 따르고 물잔을 가져다 주는 생활형 서비스를 보여 주었는데, 이제 생활형 로봇이 보급될 날이 머지않을 것이다.

LG전자 또한 2017년 7월 산업용 로봇회사 로보스타를 인수하여 로봇사업센터를 설립하였으며, 엔젤 로보틱스(웨어러블 로봇)와 로보티즈(로봇 부품)에 적극적으로 투자하고 있다. 네이버도 2018년 로봇 무인자동차에 1천억 원을 투자하는 계획을 발표하고 현대로보틱스와 자율주행 로봇 MOU를 체결, 로봇 연구에 투자하고 있다.

국내 로봇 시장

한국 정부도 2009년부터 주관부처인 산업통상자원부에서 5개년 지능로봇 개발기본계획을 진행하여 2019년에 기본계획 3.0을 발표하고 지원하고 있다. 하지만 국내 로봇 산업은 아직 수요기반이 취약하고, 기업 역량의 부족과 취약한 부품 경쟁력, 제도적 기반 미흡으로 인해 여전히 많은 지원과 투자가 필요하다.[51]

국내 로봇시장 규모[51]

출처: 2018 로봇 산업 실태조사보고서 (단위: 억 원)

연도	2013	2014	2015	2016	2017	2018	비율
전체	24,193	28,540	42,169	45,972	55,255	58,019	100%
제조용 로봇	17,863	21,013	25,831	27,009	34,017	34,202	58.9%
서비스 로봇	3,331	3,565	6,277	7,464	6,459	6,650	11.5%
로봇 부품	2,999	3,962	10,061	11,499	14,779	17,167	29.6%

수요 기반이 취약

중소기업은 로봇 활용이 저조하다. 제조로봇 시장에서는 자동차, 전기, 전자, 대형 장치산업 비중이 93%이고, 청소나 교육용 로봇이 대부분이다. 서비스 로봇 시장에서 단순 청소, 교육용 로봇이 64%를 차지한다.

기업의 역량 부족

2,127여 개의 로봇 기업 중에서 97%가 중소기업이고, 매출 50억 원 미만 기업이 96%이다.

취약한 부품 및 소프트웨어 경쟁력

기술 수준, 신뢰성 부족으로 수입에 의존하고 있으며, 최근 3년간 부품 수입은 4,780억 원으로 수출액 1,901억 원의 2배 이상이다.

제도적 기반 미흡

기존 규제와의 충돌, 산업기준과 인증 미비로 초기 수요 창출에 어려움이 많다. 협동 로봇 관련 안전기준이 마련되지 않아 안전방책 설치의무로 인해 인간과 로봇의 협업 작업은 불가하고, 서비스 로봇 품질 경쟁력 및 신뢰성 확보를 위한 KS인증 품목은 제한적이다.

우리나라도 로봇 산업의 성장과 생활화가 거스를 수 없는 시대적 흐름임을 인식하고, 더 늦지 않게 대책을 마련해야 한다. 즉 로봇 연구개발 환경 조성과 로봇 산업 시장 발전을 위해 범정부적으로 적극적인 투자와 지원을 확대하여야 한다.

호모데우스

새로운 계급, 초인간

제주도 서귀포에 있는 정방폭포 암벽에는 '서불과지'라는 글자가 새겨져 있고, 기념관이 세워져 있다. 서복이 2200년 전 진시황의 명을 받아 전설의 불로장생초를 구하기 위해 동남동녀 삼천 명을 태운 대선단을 이끌고 이곳을 다녀갔다는 전설로부터 서귀포라는 지명 또한 유래한다. 최초로 중국을 통일한 진시황제가 그토록 열망하던 불로장생의 꿈은 결국 사기극으로 끝나고 말았지만, 우리 인류는 영원한 생명을 누리고자 끊임없는 노력을 해왔다.

1990년 미국, 영국, 프랑스, 일본 등은 게놈을 구성하고 있는 약 30억 개의 DNA 염기들의 배열순서를 밝혀 지도로 만드는 게놈 프로젝트를 시작하였으며, 2001년 인간게놈 프로젝트가 완성되었다. 미국, 영국 등 6개국으로 구성된 인간게놈지도 작성팀과 민간기업 셀레라 지노믹스가 각각 수행한 연구를 통해, DNA 염기서열의 약 99%를 밝혀낸 것이다.

　그러나 중요한 것은 각 유전자 기능을 밝혀내는 것이므로 많은 생명공학 기업들이 게놈 프로젝트를 통해 취득한 연구 결과를 통해 각 유전자 기능을 밝히려고 노력 중이며, 이를 통해 난치병, 유전병, 개개인의 맞춤형 치료와 조기 예방에 도움을 줄 것이다.

　2013년 미국 정부는 뇌와 신경계를 연구하여 뇌 관련 불치병을 치료하는 것을 목표로 하는 '브레인 이니셔티브 프로젝트'를 발표하고, 2016년부터 10년간 총 45억 달러를 투자하여 뇌 질환 치료법을 개발하고 있다. 유럽도 2013년부터 10년 동안 10억 유로를 투자하여 인간 뇌 프로젝트를 추진하면서 인간의 뇌를 재구성하고자 노력하고 있으며, 일본은 2014년부터 10년간 브레인 마인즈 프로젝트를 통해 뇌 질환 관련 치료기술을 개발하고 있다.

　테슬라의 CEO 일론 머스크도 2016년 뉴럴 링크를 설립하여 인간의 뇌와 컴퓨터 결합 관련 연구를 진행 중인데, 만약 기술이 안정적으로 개발되고 사용된다면 인간의 인지기능을 향상시키는 '뇌성형 수술'로 발전할 것으로 기대된다.

　페이스북 또한 2017년부터 뇌 컴퓨터 인터페이스(BCI) 연구에 투자하고 있다. BCI는 뇌파를 이용해 언어나 신체 동작 없이 컴퓨터를 사용할 수 있는 기술로서, 생각만으로 컴퓨터에 글자를 입력할 수 있는 기술이다.

또한 생명윤리에 관한 논란은 가라앉지 않고 있으나 영국에서는 맞춤형 아기 탄생이 합법화되고 있다. 맞춤형 아기는 생명과학의 발달로 배아 상태에서 질병 유전자를 가려내 정상적인 아기를 탄생시키는 기술로, 희귀질환을 앓고 있는 자녀들을 치료할 최후의 수단으로 활용된다.

온라인으로 개최된 CES 2021에서도 디지털 헬스케어 혁신 사례들이 많이 등장하였다. 가상현실 장비로 안과 검진을 하고, 식단과 수면 패턴, 스트레스 수준 파악으로 환자의 상태를 실시간 의료진과 공유하는 앱도 개발되었다. 태아 심박수 및 산모 자궁 활동을 측정해 주는 벨트와 혈압을 측정하여 뇌졸중 및 심장마비 전조를 판단해 주는 기기도 등장하였다.

환자의 팔목, 팔꿈치, 발목, 무릎 등 관절 부위를 치료할 수 있는 원격 재활 기기가 개발되었으며, 뇌파를 읽고 뇌 기능 이상 유무를 판단하는 헬멧도 등장했다.

또한, 세계 환자 5%가 비디오 콜 형태의 가상의사 방문을 통해 진료를 하고 있다. 2020년 미국의 원격의료 시장 규모는 95억 달러로 추정되고, 2020~2025년 원격의료시장의 연평균 성장률은

29%가 될 것으로 추정된다.[52]

　과학기술정보통신부에 따르면 우리나라도 2018년 '제3차 뇌연구촉진기본계획'에 따라 뇌 연구에 투자하고 있다.

　그러나 상대적으로 미국과 일본에 비해 연구개발비 예산이 부족한 실정이므로 미래 혁신을 주도할 뇌 연구에 보다 적극적인 투자와 지원이 필요하다.

　한편, 국내 의료법은 환자가 의료진에게 원격으로 진료 및 처방을 받는 것을 금지하고 있다. 지난해 정부가 코로나19 확산방지 차원에서 한시적으로 원격진료를 허용하였으나, 급격하게 성장하고 있는 원격의료시장을 선도하기 위해서는 원격진료 금지 규제가 풀려야 하는 상황이다.

　『호모데우스』의 저자 유발 하라리는 다음 세기에는 인류가 두 부류로 나뉠 것이라고 하였다. 즉 인류는 신과 쓸모없는 사람들로 나뉘게 된다는 것이다.

　수천 년 동안 인류를 괴롭혔던 기아와 역병, 전쟁을 극복한 인류는 이제는 불멸, 행복, 신성을 추구한다. 생명공학의 발전은 인간의 수명을 대폭 연장하고 인간의 몸과 마음을 업그레이드할 것이다. 의학이 중대한 개념적 혁명을 일으켜 아픈 사람을 치료하는 것이 아니라 건강한 사람의 성능을 업그레이드하는 것으로 전환할 것이다.[53]

2045년 싱귤레러티를 주장한 레이 커즈와일Ray Kurzweil은 유전공학, 재생의학, 나노기술의 발전으로 인하여 2050년이면 몸이 아프지 않더라도 경제적 여유만 있다면 모든 사람이 질병 치료는 물론 노화 조직 재생 등으로 불멸에 도전할 것이라고 언급하였다. 인간이 행복과 불멸을 추구한다는 것은 생명공학, 사이보그 공학, 비유기체 합성 등으로 성능을 업그레이드해서 신이 되겠다는 것이다.

그렇다면 이러한 기술 발전의 혜택이 모든 사람에게 공평하게 돌아갈까?

능력이 향상된 초인간과 평범한 인간 사이의 격차는 소득 격차, 자산 격차뿐만 아니라 생물학적 빈부격차를 만들어 새로운 계급을 탄생시킬 것이다.

그렇다면, 마치 중세 봉건시대 영주와 농노처럼 초인간과 평범한 사람들로 구성된 새로운 계급사회에서 자유시장 경쟁을 통해 재화를 교환하는 자본주의 시스템이 작동할 수 있을까?

자본가들이 생산수단을 소유하며 시장에서 결정된 가격을 통해 공급하는 경제체제가 유지될까?

초인간이 소득, 자산, 생물학적 빈부격차에 의해 모든 생산수단을 지배하게 될지도 모른다. 아마도 생명공학의 발전이 가져올 새로운 계급사회는 자본주의를 해체하고 새로운 경제체제를 등장시키도록 만들지도 모른다.

노동의 종말, 싱글레러티

프레카리아트

18세기 후반부터 19세기 초 산업혁명이 이루어지는 과정에서 영국인들은 경제적 어려움을 겪게 된 원인으로 기계가 자신들의 일자리를 빼앗아 갔기 때문이라고 생각했다. 그래서 조직적인 기계 파괴 운동이 발생하였는데, 이것이 러다이트운동이다.

러다이트운동의 오류는 노동 총량이 동일하다고 생각한 점이다. 즉 기계가 노동을 대체하면 일자리가 감소할 것으로 생각한 것이다.

그러나 사라진 일자리보다 새로운 일자리가 더 많이 생겼다. 이것은 역사적으로 입증되고 있는데, 산업혁명 이후 더 많은 사람이 더 많은 일을 하고 있기 때문이다.

그렇다면 AI 시대, 로봇 시대에도 과연 일자리가 더 늘어날까?

2012년 14만 명을 고용하던 코닥사는 스타트업 인스타그램에 의해 파산 위기에 몰렸고, 전 세계에서 6만 명을 고용하던 블록버스터는 넷플릭스의 등장으로 파산하였다. 전기차와 자율주행차를 개발하고 있는 테슬라와 구글의 위협으로 한때 전 세계에서 62만 명을 고용하던 GM은 지금은 20만 명을 고용하고 있을 뿐이다.

2021년 현실은 더욱 절박하다.

캘리포니아 산호세 실리콘밸리에는 노숙인이 미국 평균보다 더 많다. 산호세로부터 1시간 거리인 스톡턴시에는 집세가 비싸 집을 구할 수가 없어 일자리가 있어도 비싼 집세로 인해 노숙을 하거나 캠핑카 등 차량을 개조한 주택에 살아야 하는 젠트리피케이션이 발생한다. IT 기업의 고소득자들이 유입되면서 부동산 가격이 상승하여 저소득자는 집을 구할 수 없는 양극화 현상이 발생한 것이다.

우리나라 경우도 예외는 아니다. 한국도로공사는 고속도로 톨게이트 통행료 징수에 하이패스 기술을 도입하였다. 하이패스 적용으로 통행료 징수 직원들은 해고되었고, 해고노동자들은 소송을 통하여 복직하였으나 청소 업무를 하고 있는 현실이다.

IT 기업, 여신금융사, 통신사에서 남아 있는 직원들의 임금은 상승하였으나 전반적으로 고용은 감소하고 있다.

2016년 미국 대선에서 도널드 트럼프는 고용에 대한 불안감을 가지고 있는 노동자들의 심리를 자극해 불법 이민자들이 일자리를 빼앗고 있다고 주장하며 당선되었다. 그러나 사실 미국 경제의 일자리 감소는 자동화 등 기술적 실업에 기인한 것이다. 미국 경제의 7%가 긱 경제(Gig economy)인데, 이는 비정규직 프리랜서 등 직업적 안정성이 없는 사람을 가리키는 신조어다. 이들은 네트워크 경제, 공유경제, 온디맨드 경제, P2P 경제, 플랫폼 경제, 보텀업 경제 등에서 프리랜서로 우버나 태스크래빗 등 앱과 플랫폼을 이용해 개별적인 업무를 수행하고 있다. 그래서 상대적으로 직업의 안정성이 낮다.

이들은 프레카리아트가 될까?

프레카리아트는 "불안정한"이라는 뜻을 가진 "Precarious"와 노동계급 "Proletariat"의 결합으로 만들어진 신조어다. 불안정한 노동자라는 뜻이다.

앞으로 10년 이내에 기계들은 얼굴이나 이미지를 인식하고, 음성을 인식하며, 상식까지 갖추게 될지도 모른다. 이러한 흐름은 계속해서 더 빨라질 것이고 가격은 더 낮아질 것이며 이에 따라 고용시장에 더욱 큰 영향을 미치게 될 것이다.

페이스북 CEO 마크 저커버그는 2017년 하버드대 졸업식 연설에서 "기술과 자동화로 많은 일자리가 없어지고 있다. 자동화로

대체되는 수천만 개의 일자리 문제를 해결해야 할 것"이라고 강
조하였다.

기술적 실업

인간이 하던 일을 기계가 더 신속하고 정확하게, 더 적은 비용
으로 처리함으로써 인간의 일자리를 대체하는 현상을 기술적 실
업이라고 한다.

머지않은 시간 안에 기계들은 얼굴, 이미지, 음성을 인식하며
인간과 같은 상식까지도 갖추게 될 것이며, 이러한 흐름은 계속
해서 더 빨라질 것이다. 즉 고용시장에 더욱 큰 영향을 미치게 된
다는 걸 의미한다.

세계적인 미래학자 토마스 프레이Thomas Frey 다빈치연구소 소장
은 2030년이 되면 현존하는 직업의 50%가 사라질 것이라고 예
측하였고, 앤드류 응Andrew Ng 스탠포드 교수는 인공지능이 인간의
일자리를 대체하는 속도가 인간이 새로운 직업으로 옮겨가는 속
도보다 더 빠를 것이라고 주장하였다.

다보스 포럼은 2030년까지 선진국 노동시장의 75~80%가 1인
기업 또는 임시노동자로 구성될 것이고, 경제의 우버화가 될 것
이라고 예측한다. 즉 많은 사람들이 독립 계약자가 되어 활동하

게 될 것이며, 이런 경우 각 개인이 곧 기업이 되므로 창의성과 문제해결 능력과 같은 소프트 스킬과 자발성이 주요한 성공 요인이 될 것이다. 따라서 스킬을 확장하려는 평생학습 교육과 자발성이 필요하다.

또한 플래시 조직이 활성화될 것으로 예상되는데, 새로운 디지털 경제로 인해 특정 프로젝트를 위해 설립되었다가 해체되는 회사들이 생겨날 것으로 예측된다. 이럴 경우 영화제작사는 영화 제작을 위해 감독, 작가, 배우, 홍보 담당자 등 전문가들이 모여 영화를 제작하고, 이후 해체돼 각자의 일을 하는 프로젝트 모임이 활성화될 것이다.[54]

기술적 실업은 저학력 계층에게 더 큰 위협이 된다. 이들은 심각한 실업과 불평등에 시달릴 것이며, 가장 의지가 강하고, 높은 학위나 특별한 기술을 가진 사람들만이 가장 좋은 일자리를 찾을 수 있게 된다.

옥스포드대학은 인공지능이 대체할 가능성이 낮은 직업으로는 레크레이션 치료사, 사회복지사, 패션디자이너, 성직자, 외과의사를 예상했다. 또한 대체 가능성이 높은 직업으로는 텔레마케터, 부동산 분석가, 요리사, 데이터분석 수학자, 스포츠 심판 등으로 예상하였다.

핀란드는 2020년도 교과 과정을 개편하였다. 의사소통, 창의성, 비판적 사고, 협업 4가지 핵심 역량을 강조하는 과목으로 개편한 것이다.

이제는 무엇을 아느냐가 아니라 무엇을 하느냐가 중요하다. 아이들이 창의력, 공감력, 팀워크, 커뮤니케이션 능력 등 소프트 스킬을 배우고 자발성을 키우도록 해야 하는 것은 이 때문이다.

싱귤레러티가 온다

미국의 발명가 레이 커즈와일은 그의 저서 『특이점이 온다』에서 2045년 싱귤레러티^{Singularity}, 즉 AI의 지능이 인간의 지능을 넘어서는 특이점이 온다고 언급하였다.

인공지능이 성인이 할 수 있는 일반적인 수준의 지적 과업을 수행할 수 있는 기계가 등장했을 때 발생하는 상황을 기술의 특이점, 싱귤레러티라고 한다.

싱귤레러티는 천체물리학에서 블랙홀 내 무한대 밀도와 중력의 한 점을 뜻하는 용어이지만 레이 커즈와일은 이를 사회, 경제적 용어로 사용하였는데, 이는 너머를 알 수 없을 정도로 커다란 단속적 변화가 이루어지는 시점을 가리킨다. 즉 미래의 기술변화 속도가 너무나 빨라지고 영향이 깊어서 인간 생활이 되돌릴 수 없도록 변화되는 시기를 말하는 것이다. 이 시기에는 인간의 수명, 비즈니스 모델 등 세상 모든 것이 변화하게 된다.

2002년 미국 발명가 명예의 전당에 이름을 올린 레이 커즈와일은 싱귤레러티에 대해 이렇게 주장하였다.

첫째, 특이점의 등장은 필연적이다. 그것은 GNR(유전공학, 나노기술, 로봇공학, 인공지능) 혁명에 기인한다. 유전공학을 통해 생물학의 원리를 파악하고 나노기술을 통해 그 원리들을 자유롭게 조작할 수 있게 되면 이미 인간은 물질적으로 신적 존재가 된다. 튜링테스트(기계가 인공지능을 갖추었는지를 판별하는 실험으로 영국의 수학자 앨런 튜링이 제안했다.)를 통하여 인간의 지적 수준을 넘어서는 인공지능이 등장하게 되면 문명은 생물학적 인간들의 손아귀를 벗어나게 된다.

둘째, 그 시점은 그리 멀지 않다. 그것은 기술 가속의 법칙에 기인한다. 트랜지스터 집적용량이 약 2년마다 2배로 증가한다는 "무어의 법칙"에 근거하여 정보 기술이 기하급수적으로 성장한다고 보았다.[55]

인간이 할 수 있는 일을 기계가 더 신속하고 정확하게, 더 적은 비용으로 처리하게 된다면 기계는 인간의 일자리를 대체할 것이다. 이러한 흐름은 계속해서 더 빨라질 것이고 기계의 가격도 더 낮아질 것이다. 인공지능이 성인이 할 수 있는 일반적인 수준의 지적 과업을 수행할 상태, 즉 싱귤레러티가 온다면 사람들의 일자리는 모두 인공지능과 로봇으로 대체될 것이다.

하지만 인간의 일 중 반복적이고 육체적으로 부담이 큰 일들, 힘들고 보상이 적은 일 등을 인공지능이 대체할 수 있다면 인간은 새롭고 더 보람 있는 일에 전념하는 게 가능할 것이며, 더 창의적이고 부가가치가 높은 일에 집중할 수 있는 기회를 제공할 것이므로 위기와 기회가 함께 오고 있다고 할 수 있다.

한편, 인공지능의 발전으로 사람들이 점점 일자리를 잃어간다면 사람들의 구매력도 점점 감소하게 될 수밖에 없다. 생산자의 경우 기계가 일을 대체하므로 생산성의 감소 없이 공급을 유지할 수 있다. 하지만 소비자의 구매력이 점차 감소하여 수요가 감소하므로 결국 가격은 점차 하락하게 된다. 즉 기하급수적인 기술의 발전으로 생산 효율이 증가하게 됨으로써 가격 하락에도 불구하고 공급을 유지할 수는 있지만 어느 시점에 가면 너무나 많은 실업자의 증가와 구매력의 감소로 경기 위축을 피할 수 없는 상황이 오게 된다.

이런 경우, 소득이 없는 사람들을 어떻게 할 것인가?

기술적 실업이 다가오는 상황에서 대책은 무엇인가?

기본소득제 도입과 같은 다양한 정책적 검토가 있을 것이고, 또는 이러한 문제들을 해결하기 위한 새로운 형태의 경제체제에 대한 논의를 시작해야 할 시점이 다가오고 있다.

조건 없는 기본소득제에 대한 논의

싱귤레러티가 온다면, 그래서 인류의 일자리를 인공지능이 모두 대체하게 된다면, 인류가 자기 자신의 문제가 아니라 주어진 현실 때문에 더이상 소득을 창출할 수 없게 된다면, 국가가 이들을 위한 대책을 세워야 한다.

어떻게 해야 할 것인가?

그때 비로소 조건 없는 기본소득제가 하나의 대안이 될 수 있다.

기본소득 지구 네트워크(Basic Incom Earth Network)는 보편적 기본소득을 자산 조사나 노동에 대한 요구 없이, 모든 개인에게 조건 없이 지급하는 소득으로 정의하고 있다.

기본소득의 특징은 특정 인구 집단을 제한하지 않는 보편성과 노동이나 기여를 요구하지 않는 무조건성, 기본적 욕구를 충족시키는 역량으로서의 충분성을 특징으로 한다. 그리고 가구가 아닌 개인에게 직접 할당되는 개별성, 주 단위나 월 단위로 계속 지급하는 정기성, 현금 지급이라는 특징이 있다.

또한, 기본소득은 중앙정부나 지방정부 등 국가적 공동체에서 제공하는 것을 원칙으로 한다.[56]

보편성의 원칙에서는 외국인, 이민자, 재소자 등 특정인을 제외할 것인가의 여부에 대한 문제가 논란이 되고 있다.

그러나 가장 큰 이슈는 충분성의 원칙이다. 과연 어느 정도 수준의 기본소득이 충분한가? 평균소득의 50%, 최저생계비 수준, 상대적 빈곤선인 중위소득의 30%, 1인당 GNP의 25% 등 다양한 주장이 있다.

기본소득제도에 대해서는 찬성과 반대 논쟁이 격렬하게 부딪치고 있다. 반대론자들은 근로의욕 상실, 재정 확보의 어려움, 외국인 유입 등의 이유로 기본소득 도입에 우려를 표명한다.

찬성론자들은 대량실업의 발생이 필연적이므로 실업급여 지급보다 효율적인 복지정책 도입이 필요하다고 생각한다. 기본소득 지급으로 인해 경제적인 안정을 얻게 되어 다원적인 정치적 의견 수렴도 가능하고, 공적부조와 사회보험의 사각지대를 커버할 수 있을 뿐 아니라 복잡한 제도와 체계에 따른 행정력 낭비를 막을 수 있다고 주장한다.

기본소득을 찬성하는 시각에서도 정치적 입장에 따라 다소 차이가 있다. 좌파적 입장에서는 기본소득제도가 국민 모두에게 조건 없이, 빈곤선 이상으로 생활을 하는 데 충분할 정도의 생계비를 지급하는 제도이다. 갈수록 노동소득 분배율이 낮아지는 불평등이 심화되고, 플랫폼 경제로 인한 고용 관계의 불명확성으로 인하여 고용에 대한 불안정성이 높아지고 있기 때문에 불안정한 고용을 해소하는 사회적 안전망으로서 복지정책이 실업자의 행복추구권과 사회권을 보장해야 한다고 주장하는 시각이다. 헌법 제10조 행복추구권과 헌법 제34조 2항 사회권을 근거로 한다.

사회보험과 공적 부조로 이루어진 우리나라의 복지 체계에서 제도적 부정합으로 기존의 사회보험제도가 포괄하지 못하고 있는 사회적 위험을 해결하기 위해서 기본소득제도를 주장하는 것이다.

우파적 입장에서의 기본소득은 자본주의 체제를 유지하기 위한 수단이다. 노동자는 곧 소비자이므로 실업으로 소비자들이 구매력을 잃게 되면 기업은 유지될 수 없고, 자본주의 체제는 붕괴될 수밖에 없다. 따라서 자본주의 체제를 유지하기 위해서는 기본소득제 도입을 통한 구매력과 유효수요 창출의 필요성이 있는 것이다.

1976년 노벨경제학상을 수상한 미국 경제학자 밀턴 프리드먼 Milton Friedman은 '항상소득가설'을 주장했다. "항상소득이 소비를 결정한다"는 '소비함수이론'으로, 여기서 소득은 정기적이고 확실한 항상소득과 임시적 수입이라고 할 수 있는 변동소득(일시소득)으로 구분된다.

프리드먼은 실질 소득 가운데 항상소득의 비율이 클수록 소비 성향이 높고 변동소득의 비중이 클수록 저축 성향이 높아진다고 분석했다.

또한 밀턴 프리드먼은 부의 소득세 제도를 주장하였다. 어느 개인의 소득이 최저생계비 또는 소득공제액에 미치지 못할 때 최저생계비와 실질 소득 간의 차액을 정부가 보조하는 세제다. 즉 밀턴 프리드먼은 소비를 유지하기 위해 일정한 소득이 필요하다고 주장하였고, 부의 소득세를 통해 일정 수준의 기본소득을 보장하는 제도를 우파적 관점에서 지지하였다.

〈뉴욕타임스〉베스트셀러인 『로봇의 부상』 저자 마틴 포드Martin Ford도 자본주의가 제대로 작동하기 위해선 절대적인 소비자의 수가 필수적이라고 주장하며, 기본소득제도를 지지하였다. 소득과 일자리를 분리하고, 누구나 기본적인 생활이 가능할 정도의 보편적인 소득이 지급돼야 한다고 주장한다.[57]

로봇세는 대안일까?

세계 각국은 기본소득제도의 필요성과 실효성을 확인하기 위해 완전하지는 않더라도 다양한 실험을 하고 있다.[58]

미국 알래스카

알래스카 주정부의 영구기금 배당금제도는 알래스카의 천연자원이 주민들의 공유자산이라는 인식에 따라 1982년에 도입되었다. 석유등 천연자원 판매수익금을 영구기금에 적립하고, 기금이 주식과 채권 등에 투자하여 얻은 이익을 1년 이상 거주한 알래스카 주민에게 배당하는 제도이다. 1984년 연간 332달러를 배당하였고, 2015년에는 2,072달러를 주민들에게 배당하였다. 지금도 이 제도는 시행되고 있다.

스위스

스위스는 2016년 무조건적인 기본소득 도입을 포함한 헌법 개정안을 국민투표에 부쳤다. 기본소득 금액은 매월 2,500스위스 프랑(한화 약 289만 원), 미성년자에게는 매월 650스위스 프랑 수준이 될 것으로 추정되었으나, 국민투표에서 부결되어 시행되지 않았다. 스위스 국민들은 재원 마련과 이민자의 유입 등에 대한 우려로 이 제도의 시행을 거부한 것이다.

핀란드

핀란드는 25~58세의 실업수당을 받는 국민 중 무작위로 추출된 2,000명에게 2017년부터 2018년까지 2년간 매달 560유로(한화 약 70만 원)를 지급하는 실험을 시행하였다. 기존에 실시하고 있던 실업수당 등 복지정책이 오히려 노동 의욕을 떨어뜨려 실업자들의 구직활동 적극성을 감소시킨다고 판단한 핀란드 정부가 기본소득의 지급이 고용을 촉진시키는지 여부를 평가하고자 실험적으로 실시한 것이다.

성남시 청년배당

성남시가 2016년 최초로 청년배당 정책을 실시하였다.

3년간 성남시에 거주한 만 24세 청년에게 연 100만 원, 분기별로 25만 원을 성남사랑상품권으로 지급하였다. 현재는 경기도에서도 이 제도가 시행되고 있다.

결국 문제는 재원이다. 충분성의 원칙을 해결하려면 과연 어느 정도 수준의 기본소득이 충분한가? 평균소득의 50%, 최저생계비 수준, 상대적 빈곤선인 중위소득의 30%, 1인당 GNP의 25% 등 다양한 주장이 있다.

하지만 재원은 어디서 확보할 것인가? 증세를 하면 해결될 수 있는가?

미국 알래스카 영구기금 배당제도는 석유 등 천연자원으로부터 지속적인 수익 창출이 가능하므로 이 제도가 지속되고 있으나 재원을 확보하지 못한 국가나 지방자치단체는 구체적으로 실현하기가 매우 어려운 것이 사실이다.

증세에 대한 좌파적 시각은 부자에게 세금을 부과하는 것은 불평등이 아니라고 생각한다. 우파적 시각은 부자에게 세금을 늘리면 경제가 위축되어 전체적인 세수가 줄어들 것으로 생각한다.

미국의 경제학자 아서 래퍼Arthur Laffer는 '래퍼곡선'을 통해 이 논쟁에 대한 해법을 제시하고 있다. 래퍼곡선은 조세 수입과 세율의 관계를 보여 주는 그래프로서 특정 시기, 특정 국가에 따라 최대로 세금을 거둘 수 있는 적정 조세 세율이 다르다는 것을 보여준다. 즉 적정 조세 세율 이상으로 세율이 높으면 조세 저항으로 인하여 전체 세수가 줄어든다.

2010년 영국 노동당 정부는 15만 파운드(한화 약 2억 1,400만 원) 이상 고액연봉자들에게 최고 세율 50%를 부과하였다. 그러나 2013년 영국 보수당 정부는 이들에게 적용하는 세율을 45%로 내렸고, 이로 인하여 오히려 세입이 늘어났다고 주장하였다.[59]

앤드루 카네기, 빌 게이츠, 마크 저크버그 등 세계적 대부호들은 자신의 자산 대부분을 자선사업에 사용하고자 한다. 하지만 빌 게이츠, 워렌 버핏 등 "부자들에게 부과하는 세금이 너무 적다"고 고백한 가장 관대한 부자들조차도 자기 재산에 과세를 하는 것은 그다지 좋아하지 않는다. 과세에 대한 저항이란 면에서 볼 때 부자들에게 세금을 걷어 기본소득을 지급하겠다는 생각은 실현 가능성이 높은 대안은 아닐 것이다.

따라서 빌 게이츠는 이에 대한 재원 마련을 위해 로봇세를 주장하였다. 로봇이 사람들이 하는 일을 대체하므로 로봇에게 소득세와 4대 보험료를 징수하자고 제안한 것이다.

결국, 보편적 기본소득을 위해 세금을 올려야 한다면 경제가 위축될 가능성도 있다. 따라서 보편적 기본소득을 실시하려면 먼저 재원을 감당할 경제 능력을 갖추어야 하고, 한편으로는 미래의 기술적 실업 상태에 대비하기 위해서 기본소득제를 비롯한 다양한 정책들과 경제 제도를 연구하고 실험하면서 다가오는 시대적 충격에 대비해야 할 것이다.

새로운 경제체제가 온다

행복감의 정도를 개인의 성장 시기별로 그래프로 그려보면 U자 모양이 될 것이다. 꿈에 부푼 소년 시절에는 행복감과 만족감으로 충만했을 것이고, 생산 활동을 하는 청년과 중년 시기에는 일과 업무로 인하여 스트레스와 불만족이 높았을 것이다. 그리고 은퇴 후 노동으로부터 해방한 노년기는 다시 여유를 되찾게 될 것이다. 일을 하지 않는 것이 반드시 행복을 증진시킬 것이라고 할 수는 없어도 최소한 행복을 막지는 않을 것이므로 기술적 실업으로 인한 노동의 종말이 삶의 의미를 없애지는 않을 것이다.

그렇다면 노동의 종말 시대를 살아가는 모두가 기본소득으로 생활하게 된다면 재화의 배분은 어떻게 할 것인가? 모두가 기본소득으로 생활하는데 누가 호화주택에 살고 누가 단칸방에 살 것인가?

기본소득이 도입되기 전부터 부자였던 사람들은 불멸의 존재가 되고, 나머지는 가상의 현실에 만족하며 살아야 하는가?

모든 사람이 경제 활동 없이 기본소득으로 살아가게 된다면 최상위층과 나머지 사람들 간의 경제적, 사회적 이동이 중단되는 결과를 불러오게 된다. 일을 하지 못함으로써 자본을 축적할 기회가 원천적으로 차단되기 때문이다.

결국 기술적 진보의 속도가 빨라지면 최상위 계층은 인류 진화의 수단을 먼저 얻게 되고, 나머지 사람들과 구별되는 신체적 인지적 능력을 갖게 될 가능성이 높다.

『호모데우스』의 작가 유발 하라리는 다음 세기 인류는 두 부류로 나누어지게 될 것이라고 주장하였다. 바로 '신'과 '쓸모없는 사람'들이다.

이것을 해결하기 위해서는 어떻게 해야 할까?

『경제의 특이점이 온다』의 저자 케일럼 체이스Calum Chace는 최상위 계층이 인공지능을 포함한 모든 재산을 공동재산으로 사회에 환원하고, 그 공동재산을 블록체인 기술을 이용하여 관리해야 한다고 주장한다.[60] 즉 이러한 재화 분배의 문제를 해결하기 위해서 사유재산제도를 폐지하자고 주장하는 것이다.

하지만 이것이 가능한 일일까?

만약 자본주의와 사유재산제도를 폐지한다면 새로운 경제체제를 결정해야만 할 것이다. 그렇다면 현재의 경제체제에서 새로운 경제체제로 어떻게 이동할 것인가?

결국 기술 발전이 가져온 기술적 실업과 기본소득제는 현재의 경제체제를 해체하고 새로운 경제체제가 등장하도록 강제할지도 모른다.

CHAPTER 4

ECONOMY
경제적 파도

다시 돌아오는 보호무역주의 시대

글로벌 밸류체인의 재편

제2차 세계대전 이후 세계는 정치, 경제, 사회, 문화 등에서 상호 교류를 점차 확대하게 된다. 세계 여러 나라가 정치, 경제, 사회, 문화 등 다양한 분야에서 서로 많은 영향을 주고받으면서 교류가 많아지는 현상을 세계화라고 한다. IMF는 세계 모든 국가의 경제적 상호의존성 증가를 세계화라고 정의하고 있다.

경제적 관점에서 세계화를 바라본다면 전 세계적으로 무역, 투자, 자본, 통신 등이 확대되어 국가 간 상호의존성이 증대되고 다자간의 협력이 증대되는 현상을 말한다.

국제노동기구(ILO)는 세계화를 무역, 투자, 자본의 흐름이 자유로워진 결과라고 말하고 있다.

한편 경제적 측면의 세계화는 세계 무역의 완전 자유화를 주장하는 세계무역기구(WTO)의 출범과 다국적기업에 의해 더욱 확대되고 있다. 다국적기업의 활동은 생산 공장을 전 지구적으로 재배치하는 국제 분업을 통해 이윤을 추구하였고, 세계화는 국경 지우기와 규제 완화를 통해 다국적기업의 활동을 확장시켰다. 기업은 경영 여건, 지리적 위치, 생산원가 등 여러 요소를 고려해 비교우위에 있는 경영 환경에서 기업 활동을 수행하려고 하기 때문이다.

세계화가 급속도로 진행된 현재, 어떤 기업도 독자적으로 상품과 서비스를 생산해 낼 수는 없다. 이 때문에 기업들은 이윤 극대화를 위한 분업 체계, 글로벌 밸류체인(GVC)을 전 세계로 확대하고 있는 것이다.

그러나 2019년 말 중국에서 발생한 코로나19는 전 세계를 마비시켰다. 전 세계의 내수시장과 수출, 소비, 투자, 고용 등 경제 전반을 강타한 퍼펙트 스톰이었다.

코로나19는 전 세계 경제의 수요와 공급에 모두 엄청난 충격을 주었다. 소비자들의 소비 패턴에 변화를 일으켰고, 생산자들의 공급망 훼손과 생산 일정에도 커다란 충격을 가져왔다.

전 세계에서 가장 값싼 부품을 공급받았던 공급망들이 훼손되면서 기업들은 가치사슬에 대한 인식의 전환을 하게 되었다. 글로벌 공급망에서 중요한 것은 값싼 원료 확보뿐만 아니라 공급 위험을 감소시키는 것이다. 각국과 기업들은 자국 제조업이 부실할 때의 위험성을 깨닫고 글로벌 밸류체인 재편과 공장을 자국으로 유턴시키는 리쇼어링으로 정책을 전환하고 있다. 갈수록 자유무역주의는 위축되고 자국 중심으로 산업을 재편하려는 보호무역주의가 강화되는 것이다.

이러한 흐름 속에 동아시아 밸류체인에도 변화가 나타나고 있다. 생산 부문에서 세계의 공장 중국의 비중이 점차 감소하고, 아세안 국가 등의 비중이 증가하고 있다. 중국이 쌍순환 전략을 통하여 수출 의존적 성장전략에서 벗어나 내수 활성화를 통한 성장전략으로 경제정책 방향을 바꿨고, 세계 각국도 글로벌 공급망의 중국 의존도로부터 벗어나고자 하는 필요성이 증가하고 있기 때문이다.

U턴하는 기업들, 리쇼어링

다국적기업들은 인건비 상승 등 생산원가를 낮추기 위해 인건비가 상대적으로 저렴한 중국, 베트남 등 개발도상국으로 생산기지를 이전했다. 이것을 오프쇼어링이라고 한다. 이후 현지 인건비 상승 등 경영상 요인으로 다시 본국으로 생산기지를 복귀하는 것을 리쇼어링이라고 한다.

이와 같은 흐름은 2008년 글로벌 금융위기 이후 경기침체 극복을 위해 국내경제 활성화와 일자리 창출을 위해 대대적으로 추진되었다. 우리나라도 2012년 3월 U턴 기업 지원대책을 발표하고, 그해 5월에 KOTRA(대한무역투자진흥공사)에 'U턴 기업지원센터'를 설치하여 리쇼어링을 원스톱으로 지원하고 있다. 특히 2013년 6월에는 해외 진출 기업의 '국내복귀지원에 관한 법률(U턴기업법)'을 제정함으로써 U턴 기업 지원에 관한 법적 근거를 마련하였다.

미국에서는 2013년 버락 오바마 대통령이 법인세 인하 등을 제시하며 대대적인 리쇼어링 캠페인을 벌였다. 그 결과 캐터필러는 일본에서, 포드는 멕시코에서, 인텔은 중국에서 각각 미국으로 돌아왔다. 독일의 아디다스는 2017년 중국 공장을 폐쇄하고 30년 만에 독일로 이전하였다. 값싼 노동력을 산업용 로봇으로 대체할 수 있기에 가능한 일이었다.

중국, 멕시코 등의 제조업 임금이 계속 인상되고 있고, 산업용 로봇의 가격은 꾸준히 하락하여 저임금 생산기지를 소비자들이 있는 시장과 가까운 곳으로 이전하도록 만들고 있는 것이다.

각국 정부는 경기침체와 실업을 극복하기 위해서 리쇼어링을 지렛대로 삼고 있다. 생산기지의 국내 복귀를 통해 자국민의 일자리를 확보하고자 하는 것이다.

그러나 기업 측면에서도 리쇼어링은 이점이 있다. 국내 복귀로 인하여 해외 공급망의 리스크를 감소시킬 수 있기 때문이다. 또한 중국, 인도, 베트남 등의 인건비 상승으로 인해 오프쇼어링의 필요성이 사라졌으며, 의사소통 문제나 기술 유출에 관한 문제 등 오프쇼어링이 가진 문제점을 해결할 수 있는 장점도 있다.

코로나19로 미국 경제가 위기를 맞고 있는 상황에서 취임한 조 바이든 대통령은 조세 감면을 통해 리쇼어링 정책을 추진하고 있다.

한국경제연구원에 따르면 미국 중심의 글로벌 밸류체인 강화를 추구하는 바이든 대통령은 리쇼어링을 지원하기 위해 해외 생산기지를 미국으로 이전하는 미국 내 생산기업에 대해 10% 세액공제 혜택을 제공한다. 반면 미국 기업이 해외시설에서 생산한 제품과 서비스를 국내로 들여와 판매할 경우, 오프쇼어링 추징세 10%를 부과한다.[62]

이러한 조세정책이 시행될 경우, 우리나라 대미 수출기업들은 조세 부담이 확대될 수밖에 없어 생산기지를 미국으로 이전하거나 투자를 늘리게 될 가능성이 크다고 한국경제인연합회는 전망한다. 최근 LG 에너지솔루션이 GM과 합작하여 자동차용 배터리 생산을 위해 미국에 2조 7,000억 원을 투자하기로 한 것은 이런 이유가 있기 때문이다.

바이 아메리칸

바이 아메리칸은 1933년 미국 대공황 시기에 미국 정부가 물자를 조달할 때 미국산 제품만을 쓰도록 했던 '바이 아메리칸법(BAA법, Buy American Act)'에서 유래했다. 당시 BAA법은 정부 기관이 물자나 서비스를 조달할 때 국내 업자의 조달 가격이 외국 업자에 비해 다소 비싸더라도 국내 업자가 생산하는 물품을 사용해야 한다는 조항이었다. 물론 이는 미국이 추구하는 자유무역 정책에 위반되는 내용이다.

이후 2009년 2월 글로벌 금융위기가 발발하자 미국은 다시 대규모 공공사업에 미국산 철강 제품의 의무적 사용 등을 규정한 '경기부양법'을 통과시켰다. 이 또한 철강 수출국의 반발을 불러일으키며 바이 차이나, 바이 프랑스 등 세계의 보호무역주의를 강화하였다.

2016년 미국 대선에서 도널드 트럼프는 고용에 대한 불안감을 가지고 있는 노동자들의 심리를 이용하여 불법 이민자들이 일자리를 빼앗고 있다고 주장하며 당선되었다. 2017년 4월 도널드 트럼프 대통령은 '이민법' 강화를 통해 미국 노동자의 일자리와 임금상승을 위해 '바이 아메리칸, 하이어 아메리칸' 행정명령에 서명하였다.

코로나19 팬데믹으로 전 세계가 위기에 처한 2021년 1월 취임한 미국의 46대 대통령 조 바이든 역시 취임하자마자 '바이 아메리칸' 행정명령에 서명했다. 이 행정명령은 연방기관의 주요 자재와 서비스를 미국 내에서 조달해야 한다는 기존 시행령을 강화한 것이다. 연방정부 차량은 모두 미국산 전기자동차로 바꾸고, 미국 내 항만 간 운송에선 미국 국적 선박을 이용해야 한다.

결과적으로 6,000억 달러(약 661조 원)에 달하는 연방조달예산을 미국산 제품과 서비스에 집중적으로 투입하게 되는 것이다. 뿐만 아니라 연방정부가 미국산 대신 외국산 제품을 살 수 있는 예외조항을 축소하고, 새 규정을 이행하고 관리 감독하기 위해 백악관 예산관리국에 관련 고위 직책을 신설한다.[63]

이것은 아메리카 퍼스트를 주장했던 전임 트럼프 대통령보다 보호무역주의 수위가 오히려 더 강해진 것으로 바이든 대통령의 취임을 계기로 협력을 기대했던 동맹국들은 자국 이익을 우선하는 미국의 보호무역주의 행보에 실망과 우려를 표명하고 있는 실정이다.

중국의 쌍순환 전략

2020년 14차 5개년 경제개발계획에서 중국 국가주석 시진핑은 쌍순환 전략을 천명하였다.

쌍순환 전략은 국내 대순환과 국제 대순환의 시너지를 통해 2035년까지 1인당 GDP 25,000달러 수준까지 경제성장을 추구한다는 장기 비전이다.

중국은 지난 40년 동안 수출 주도 경제성장 전략인 국제 대순환을 통해 발전해 왔다. 그러나 2010년 이후 중국의 GDP 대비 수출 비중은 점차 감소하고 있는 실정이다. 갈수록 치열해지는 미·중 무역전쟁과 코로나19 등으로 인하여 수출에 의존하는 성장 정책이 한계에 부딪히고 있다는 인식에 바탕을 두고 있다.

중국은 내수시장의 잠재력을 활용한 내수 경제 활성화와 무역 확대를 통한 경제성장 전략으로 성장 패러다임을 전환하고자 하고 있다. 이에 따라 세계의 공장이 아니라 세계의 시장이 되고자 하는 것이며, 쌍순환 전략을 통해 과학, 기술 자립과 자강을 국가 발전의 전략적 기반으로 삼고, 강대한 국내 시장을 형성하여 새로운 발전을 추진하고자 하고 있다.[64]

역내 포괄적 경제동반자협정(RCEP)과
포괄적·점진적 환태평양 경제동반자협정(CPTPP)

세계는 경제 전쟁을 벌이고 있는 중이다. 자유무역지대를 만들고 경제블록을 만들어 자국의 이익을 극대화하고 있다.

경제 목적에 따라 지역적으로 조직된 국제기구는 북미자유무역협정(NAFTA), 안데스공동체(CAN), 남미공동시장(MERCOSUR), 아프리카경제공동체(ECOWAS), EU, 독립국가연합(CIS), 동남아시아국가연합(ASEAN) 등이 있다.[65]

그리고 미국과 일본이 주도하다가 미국이 탈퇴한 포괄적·점진적 환태평양경제동반자협정(CPTPP; Comprehensive and Progressive Agreement for Trans-Pacific Partnership)이 있고, 한국을 포함한 15개국이 참여하며, 중국이 주도하고 있는 역내 포괄적 경제동반자협정(RCEP: Regional Comprehensive Economic Partnership)이 있다.

CPTPP는 아시아 태평양 지역의 관세 철폐와 경제 통합을 목표로 추진된 협력체이다. 2005년 뉴질랜드, 싱가포르, 칠레, 브루나이 4개국이 모든 무역장벽을 철폐한다는 목표를 가지고 '환태평양 전략적 경제동반자협력체제(TPSEP: Trans-Pacific Strategic Economic Partnership)'를 구축하였으며, 이후 여러 나라가 이 교섭에 참여하여 2015년 10월 미국, 뉴질랜드, 싱가포르, 칠레, 브루나이, 말레이시아, 베트남, 페루, 호주, 멕시코, 캐나다, 일본 12개국이 최종 참여하여 타결되었다.

그러나 아메리카 퍼스트와 보호무역주의를 주창하던 도널드 트럼프는 TPP가 오히려 미국인의 일자리를 빼앗을 것이라고 하여 2017년 1월 TPP에서 탈퇴하였다. TPP는 총 12개국 중 전체 국내 총생산(GDP)의 60% 이상을 차지하던 미국이 탈퇴하면서 와해될 것이라는 전망도 있었으나 일본 주도로 협상이 진행되어 포괄적·점진적 환태평양경제동반자협정(CPTPP: Comprehensive and Progressive Agreement for Trans-Pacific Partnership)으로 명칭을 변경하고, 2018년 12월 30일 최종 발효되었다. CPTPP는 인구 5억 명 이상, 전 세계 GDP의 12.9%, 교역량의 14.9%에 해당하는 자유무역지대가 되었다.[66]

한편, 역내 포괄적 경제동반자협정(RCEP: Regional Comprehensive Economic Partnership)은 캄보디아, 라오스, 미얀마, 인도네시아, 필리핀, 태국, 싱가포르, 브루나이, 말레이시아, 베트남이 속한 동남아시아국가연합(ASEAN)의 10개국과 한국, 중국, 일본, 호주, 뉴질랜드를 포함한 총 15개국의 관세장벽 철폐와 무역자유화를 목표로 하는 세계 최대의 자유무역협정(FTA)이다.[67]

중국은 미국과 일본이 주도하던 환태평양 경제동반자협정(TPP)에 대항하기 위해 RCEP 체결을 주도하였으며, RCEP에 참여한 국가들의 인구는 22억 6,000만 명으로 세계 인구의 29.9%가 참여하고 있다. 이들 국가의 무역 규모는 5조 4,000억 달러이고, 세계 무역 규모의 28.7%를 차지한다. 명목 국내총생산은 26조 3,000억 달러로서 전 세계 GDP의 30%를 차지하고 있다. 특히 명목 GDP 기준으로 18조 달러의 북미자유무역협정(NAFTA)과 17조 6,000억 달러의 EU를 능가하는 세계 최대 규모의 경제블록이다. 2020년 11월 15일 협정문에 서명하였으며, 발효는 앞으로 1~2년 정도의 시간이 소요될 전망이다.

한국은 RCEP 참여국과 대부분 FTA를 맺고 있는데, 일본의 경우 RCEP를 통해 처음 FTA를 맺게 됐다. RCEP 참여로 인한 일본과의 시장개방 효과는 소재, 부품, 장비 산업 등 관련 산업의 한국 기업에도 영향을 미칠 수 있을 것이다.

이 협정을 통해 한국이 얻은 가장 큰 성과는 아세안 시장에서 자동차, 철강 등 주요 수출품의 규제 문턱을 낮춘 것이다. 2007년 FTA가 발효된 베트남, 인도네시아 등 아세안(동남아국가연합)에 대해서는 시장개방 범위가 넓어지는 효과가 있을 것이다. 중국 및 호주, 뉴질랜드 등은 기존 FTA에 따른 시장개방 범위에서 큰 변화가 없으리라고 전망된다.

CPTPP와 RCEP에 모두 참여한 국가는 일본, 말레이시아, 베트남, 싱가포르, 브루나이, 호주, 뉴질랜드 7개국이다.

미국은 일본이 주도하고 있는 CPTPP를 통해 중국을 견제하려고 할 가능성이 높다. 중국은 RCEP 이후 한·중·일 FTA, 그리고 CPTPP 가입을 추진하고 있다. 오히려 미국보다 먼저 CPTPP에 가입하여 미국의 견제를 무력화시키고자 한다.

그러나 일본이 주도하고 있는 CPTPP에 중국이 가입하는 것은 쉽지 않을 것이고, 미국은 바이든 행정부가 출범함으로써 가입 가능성이 커지고 있다.

미국이 CPTPP에 가입할 경우, 우리나라 역시 가입을 하지 않는다면 상대적으로 대미 수출 경쟁력이 약화될 가능성이 있어 정부도 CPTPP 참여를 적극적으로 검토하고 있다.

CPTPP와 RCEP는 보호무역주의에 대응하여 전 세계 다자주의 회복과 자유무역 질서 회복에 영향을 끼치게 될 것이다.

코로나와 싸우는 세계 경제

코로나19와 유동성의 싸움

제2차 세계대전 이후 세계는 정치, 경제, 사회, 문화 등에서 상호 교류를 점차 확대하게 된다. 전 세계적으로 무역, 투자, 자본, 통신 등이 확대되어 국가 간 상호의존성이 증대되고 다자간의 협력이 증대된 것이다. 기업들은 생산공장을 전 지구적으로 재배치하는 국제 분업을 통해 이윤을 추구하였고, 이윤을 극대화하기 위해 분업 체계인 글로벌 밸류체인(GVC)을 전 세계로 확대해 왔다. 이러한 자유시장경제의 흐름 속에서 세계 경제는 매년 3% 이상씩 성장해 왔다.

2019년에는 미·중 무역분쟁의 심화, 영국의 브렉시트, 홍콩 우산 시위 사태, 일본의 한국 수출규제 등 여러 가지 어려운 경제 여건에서도 세계 경제는 2.8% 성장하였고, 한국도 2% 성장하였다.

그러나 2019년 말 중국에서 발생한 코로나19는 전 세계를 마비시켰다. 전 세계의 내수시장과 수출, 소비, 투자, 고용 등 경제 전반을 강타한 퍼펙트 스톰이었다.

전 세계는 코로나19 위기를 극복하고자 필사적으로 유동성을 공급했다. 미국 연방준비제도이사회는 2020년 1월 20일 1.75% 였던 기준금리를 3월 4일 1.25%로 떨어뜨렸다. 그리고 3월 16일 다시 기준금리를 0.25%로 낮추었다. 그야말로 전광석화 같은 빅 컷이었다. 또한 미국 연방준비제도이사회는 국채, 부동산 담보대출 채권, 회사채 등을 매입하며 시장에 유동성을 무제한으로 공급하였다.

트럼프는 재임 시절 2020년 3월 28일 2조 2,000억 달러에 달하는 경기부양안에 서명하여 재정지출을 통해 유동성을 시장에 공급하였고, 조 바이든은 20201년 취임 후 1조 9,000억 달러(한화 약 2,140조 원)에 달하는 경기부양책에 서명하였다. 뿐만 아니라 바이든 정부는 인프라 투자에 최소 2조 달러, 보험 및 의료 관련 지출까지 합해 최대 4조 달러(약 4,521조 원) 규모의 추가 부양책을 내놓을 것으로 골드만삭스는 전망하고 있다.[68]

2020년 미국 정부 예산안이 4조 7,900억 달러라는 것을 감안한다면 트럼프 행정부는 1년 예산의 50%에 가까운 금액인 2조 2,000억 달러를 코로나19 위기 대응을 위해 추가로 공급한 것이다. 바이든 행정부도 2021년 미국 정부예산안이 4조 8,290억 달러임을 감안하면 1조 9,000억 달러의 경기부양안과 별도로 1년 예산과 맞먹는 추가적인 경기부양안을 준비하고 있다.

미국 정부예산안 (단위: 10억 달러)

구분	2019년	2020년	2021년
세입	3,464	3,706	3,863
세출	4,448	4,790	4,829
적자	984	1,083	966
국가채무	16,801	17,881	18,912
GDP 대비 국가 채무비율	79.2%	80.5%	81%
GDP	21,216	22,211	23,353

2021 미국정부 예산안 참조

우리나라도 마찬가지다.

한국은행은 코로나19 위기를 극복하기 위해 2020년 3월 16일 임시 금통위를 열고 기준금리를 기존 1.25%에서 0.75%로 0.5%포인트 내렸다. 이후 5월 금통위에선 한 차례 금리를 더 내리면서, 기준금리는 역대 최저 수준인 0.50%가 됐다.

또한 한국은행은 금융기관에 무제한 유동성을 공급하는 양적완화를 시행하였다. 국채뿐만 아니라 사상 최초로 회사채까지 매입하였다.

정부도 재난지원금 지급 등을 위한 추경예산을 편성하여 확장적 재정정책을 실시하였다. 2020년 예산안이 512조였으나 1차, 2차, 3차, 4차 추경예산을 편성하여 555조의 재정지출을 하였고, 2021년 예산안은 코로나 위기 대응과 디지털 뉴딜, 그린뉴딜을 포함하여 558조 원을 편성하였다.

이러한 유동성 공급은 전 세계의 주식과 부동산 등 자산 가격의 상승을 가져온다. 한국은 코스피지수가 3,000을 넘어서고 있는 상황이다. 코로나와 싸우고 있는 것은 백신이나 치료제보다 오히려 금융 당국의 유동성 공급이라고 할 수 있다.

그런데 유동성이 회수되면 어떤 일이 벌어질까?

테이퍼링과 양털깎기

코로나19로 인하여 실물시장은 충격에서 벗어나지 못한 채 성장을 멈추고 있는데, 자산시장은 유동성 공급으로 주식, 부동산 등 자산 가격이 상승하고 있다. 이러한 실물경제와 금융시장의 괴리 현상은 금리 상승이나 테이퍼링에 의해 급격하게 자산가치의 조정이 일어나게 될 위험을 안고 있는 것도 사실이다.

테이퍼링은 2013년 벤 버냉키Ben Bernanke 미 연방준비제도이사회 의장이 언급한 말로, 양적완화 조치의 점진적인 축소를 의미

하는 용어이다. 즉 자산 매입을 점차 축소함으로써 유동성을 회수한다는 의미이다.[69]

일반적으로 미국의 금리 하락과 양적완화는 신흥국의 유동성 공급을 증가시켜 신흥국의 주식과 부동산 수요를 증가시키고 자산 가격을 폭등시킨다.

이렇게 자산 가격이 높아지면 투자자들이 고가에 자산을 팔고 나가면서 거품이 빠지기 시작하는데, 이후 미국이 금리를 인상하면 신흥국의 해외 자본이 유출되고 급격한 자산가치 폭락이 발생하게 된다.

자산가치 폭락 이후에는 다시 해외투자자들이 값싼 가격에 자산을 구입해 이익을 취하는데, 이것을 양털깎기라고 한다.

양털깎기는 쑹훙빙의 저서 『화폐전쟁』에서 언급된 말로 외국 투기자본이 서민들로부터 이익을 갈취하는 모습들이 마치 양털이 다 자랄 때까지 기다렸다가 한꺼번에 털을 깎아 수익을 챙겨가는 모습과 비슷하다고 비유한 것이다.

이것을 막기 위해서는 한국은행이 기준금리를 올려서 미국의 금리 인상에 선제적으로 대비해야 한다. 그러나 코로나19로 인한 경기 악화와 금리 인상에 따른 가계부채 증가에 대한 우려로 선제적으로 금리 인상을 하기는 매우 어려운 현실이다.

주요 신흥국의 경우에는 미국 국채금리 상승에 따른 자본 유출 가능성, 통화가치 하락에 따른 인플레이션 압력 등 불안 요인이

상존하고 있다. 글로벌 경제에 있어서 전반적으로 가계부채, 기업의 부채비율이 높은 수준이므로 채무불이행과 파산 등으로 인한 금융 리스크 확산 가능성에 대비하고 있어야 한다.

미국은 코로나19 위기 극복을 위하여 2022년까지 0.25% 기준금리를 유지한다고 천명했다. 하지만 2023년 즈음 경기가 회복된다면 기준금리를 3% 수준까지 빠르게 올릴지도 모른다.

이런 경우, 다시 한번 전 세계 금융에 충격을 주게 될 것이므로 미국의 금리 인상에 대한 시기를 예의주시하며 버블 붕괴에 대한 대비를 갖추고 있어야 한다.

2021년 세계 경제의 전망

2021년 3월, OECD는 중간 경제 전망을 발표하였다.[70]

기획재정부가 발표한 OECD 중간 경제전망에 따르면 최근 세계 경제는 백신 보급의 진전과 적극적 재정정책, 통화정책이 경제 활동을 뒷받침하면서 빠르게 회복되고 있다.

OECD 회원국 전체로 약 1,000만 명 이상이 실직하고, 서비스업 및 취약계층의 고용 부진이 지속되어 소비심리 및 고용 회복은 더딘 상황이지만 글로벌 생산, 교역, 투자 등이 회복세를 보이고 있는 것에 기인한다.

OECD 중간 경제 전망

(전년대비, %, %p)	'20년	'21년 전망			'22년 전망		
전망시점		'20.12월	'21.3월	조정폭	'20.12월	'21.3월	조정폭
세계	△3.4	4.2	5.6	+1.4	3.7	4.0	+0.3
G20	△3.2	4.7	6.2	+1.5	3.7	4.1	+0.4
유로존	△6.8	3.6	3.9	+0.3	3.3	3.8	+0.5
중국	2.3	8.0	7.8	△0.2	4.9	4.9	+0.0
터키	1.8	2.9	5.9	+3.0	3.2	3.0	△0.2
한국	△1.0	2.8	3.3	+0.5	3.4	3.1	△0.3
인도네시아	△2.1	4.0	4.9	+0.9	5.1	5.4	+0.3
호주	△2.5	3.2	4.5	+1.3	3.1	3.1	+0.0
미국	△3.5	3.2	6.5	+3.3	3.5	4.0	+0.5
러시아	△3.6	2.8	2.7	△0.1	2.2	2.6	+0.4
사우디	△4.0	3.2	2.6	△0.6	3.6	3.9	+0.3
브라질	△4.4	2.6	3.7	+1.1	2.2	2.7	+0.5
일본	△4.8	2.3	2.7	+0.4	1.5	1.8	+0.3
독일	△5.3	2.8	3.0	+0.2	3.3	3.7	+0.4
캐나다	△5.4	3.5	4.7	+1.2	2.0	4.0	+2.0
남아공	△7.2	3.1	3.0	△0.1	2.5	2.0	△0.5
인도	△7.4	7.9	12.6	+4.7	4.8	5.4	+0.6
프랑스	△8.2	6.0	5.9	△0.1	3.3	3.8	+0.5
멕시코	△8.5	3.6	4.5	+0.9	3.4	3.0	△0.4
이탈리아	△8.9	4.3	4.1	△0.2	3.2	4.0	+0.8
영국	△9.9	4.2	5.1	+0.9	4.1	4.7	+0.6
아르헨티나	△10.5	3.7	4.6	+0.9	4.6	2.1	△2.5
스페인	△11.0	5.0	5.7	+0.7	4.0	4.8	+0.8

세계 경제 G20 국가만을 대상으로 전망 발표

지난해 중국과 터키는 강력한 재정정책 및 제조업과 건설업 부문의 회복에 힘입어 (+)성장을 기록하였고, 한국과 호주 등도 효과적인 방역 대응과 정부 지원 및 제조업 회복으로 선방하였다.

　미국은 대규모 경기부양책, 금융시장 여건 개선으로 경제활동이 다소 개선되었다. 그러나 유로존은 연말 코로나 재확산과 봉쇄 조치에 따른 서비스산업 악화 등으로 회복세가 느려 여전히 부진으로부터 빠져나오지 못하고 있다.

　OECD는 효과적인 백신, 주요국의 추가 정책 노력 등을 감안하여 2021년 세계 경제성장률을 5.6%로 전망하였는데, 미국은 대규모 추가부양책에 따른 수요 증대가 회복세를 견인하리라고 기대한다.

　바이든 대통령이 추진하고 있는 1조 9,000억 달러(GDP의 약 8.5%) 경기부양안이 향후 1년간 미국 GDP 3~4%를 견인하고, 225~300만 명의 고용을 증가시키며, 주요 교역상대국의 성장률을 견인하는 효과가 있을 것으로 기대한다.

　유럽은 2021년 들어서도 지속된 봉쇄 조치와 주요국 대비 제한적인 재정정책 등으로 완만한 회복세가 되리라 전망되고, 아시아·태평양 지역은 중국 경제의 반등 등에 따른 지역 경제 동반성장 효과와 효과적인 보건 방역조치 등에 힘입어 견조한 회복세가 지속될 것으로 예상하고 있다.

반면 중남미, 아프리카는 백신 확보 지연으로 인한 재확산 위험, 제한적인 추가 부양책 등으로 회복세가 더디게 진행할 것으로 예상된다.

따라서 OECD는 코로나19 팬데믹 백신 보급속도 등에 따라 예상 성장률 시나리오를 상방향과 하방향으로 제시하였는데, 상방향 시나리오는 백신 보급 가속화로 경제심리가 조기에 회복된다면 세계 경제성장률이 2021년 7%, 2022년 5%가 될 것이라고 전망하였다.

그러나 백신공급 지연, 변종 바이러스의 대규모 확산 등 불확실성이 심화될 것을 우려한 하방향 시나리오는 세계 경제성장률이 2021년 4.5%, 2022년 2.75%가 될 것으로 추정하고 있다.

또한 OECD는 국제 원자재 가격 및 유가 상승, 주요국 국채 금리 상승 등 인플레이션 가능성, 가계, 기업의 부채 증가에 따른 금융 리스크 등을 주요 위험 요인으로 언급하면서 완화적 통화정책 기조와 신속한 재정 집행 등 적극적인 거시정책 기조를 지속하도록 권고하였다.

신규 재정 지출의 경우, 피해 계층에 대한 집중적인 지원과 디지털 부문 투자, 기후변화 대응정책 등 향후 경제의 복원력과 성장 잠재력 확충을 위한 구조개혁 필요성을 강조하였다.

한국경제의 방향

2021년 경제성장률

2020년 세계 경제성장률은 -3.4%, G20은 -3.2%, 유로존의 경우 -6.8%이다. 한국의 경제성장률은 -1.0%이며, G20 전체 국가 중 중국, 터키에 이어 성장률 3위를 기록하였다. 락다운 없는 효율적인 방역 조치, 정부의 정책적인 노력 등이 코로나19로 인한 충격을 최소화하는 데 기여한 것으로 평가된다.

OECD는 2021년 한국 경제성장률을 3.8%로 전망하였다. IMF는 3.1%. 한국은행은 3.0%, KDI는 3.1%, 대한민국 정부는 3.2%를 추정하였다. 다른 기관에 비해서 OECD가 한국의 경제성장률을 다소 높게 추정하였는데, 최근 세계경제 회복세, 견조한 수출 회복 흐름, 추가경정예산 등 적극적 재정정책효과 등을 반영하여 상향 조정한 것으로 추정된다.

OECD에 따르면 한국은 G20 국가 중 터키, 미국, 호주, 중국, 인도, 인도네시아와 함께 2021년 코로나19 위기 이전 수준으로 회복이 가능할 것으로 전망하였다. 한국은 상대적으로 적은 코로나 피해 및 빠른 회복세에 힘입어 2021년 중 코로나19 이전의 경제 규모를 회복할 것으로 예상된다.

정부는 확장적 재정 기조에 의한 경제정책 추진과 백신 및 치료제 개발 등 대외 여건 개선에 힘입어 올해 우리나라 경제성장률이 3.2%에 이를 것으로 추정하였다. IMF는 1월 26일 발표한 〈세계경제전망 수정치(World Economic Outlook update)〉 보고서에서 올해 한국 경제성장률 전망치를 2.9%에서 3.1%로 상향 조정하였다.

정부는 글로벌 교역과 반도체 업황이 개선되고, 확장적 거시정책과 전방위적 경제 활력 제고에 대한 노력이 더해지면서 내수와 수출 실적이 모두 개선될 것으로 전망하며, 지난해 -4.4%로 부진했던 민간소비가 소득 및 자산 여건 개선, 정책지원 등에 의해 3.1% 증가할 것으로 기대한다.

설비 투자도 반도체 등 IT 부문의 안정적 증가세와 세제지원 등의 투자 유인책 등으로 4.8% 증가할 것으로 예상하며 건설 투자도 지난해 마이너스 투자에서 올해는 1% 플러스 투자로 반등하리라 기대한다.

무역은 수출이 반도체와 신산업을 중심으로 8.6% 증가하고, 수입도 9.3% 늘면서 경상수지 흑자 폭이 630억 달러 수준을 유지할 것으로 전망했다. 또한 지난해 연간 22만 명이나 줄었던 취업자 수는 경기개선과 일자리 정책 등에 의해 15만 명 증가할 전망이다. 소비자물가는 수요가 회복되고 국제유가가 오르면서 지난해 (0.5%)보다 높은 1.1% 상승할 것으로 전망했다.[71]

한편, 코로나19 백신 보급으로 올해 경기회복에 대한 기대감이 높아지고는 있지만 향후 백신 접종률과 변이 바이러스의 창궐 및 집단면역 형성 시기에 따라 전반적인 경제성장률에 변화가 있으리라 예상된다.

2021년 예산 편성 분석

2021년 예산안이 지난해 12월 2일 국회에서 통과되었다.

2021년 예산 규모는 총수입 482.6조 원, 총지출 558.0조 원이다. 전년 본예산 대비 총수입은 0.2% 증가하였고, 총지출은 8.9% 증가하였다.

코로나19로 인한 특수한 상황을 반영하여 총수입은 증가하지 못했으나 경제 활력을 위하여 확장적 재정정책을 반영했다.

2021년도 재정 총량

(단위: 조 원 %)

구분	2020년		2021년		증감		
	본예산 (A)	4차 추경	정부안 (B)	최종 (C)	국회증감 (C−B)	전년대비 (C−A)	%
총수입	481.8	470.7	483.0	482.6	-0.4	0.8	0.2
총지출	512.3	554.7	555.8	558.0	2.2	45.7	8.9
통합재정수지 (GDP 대비, %)	-30.5 (-1.5)	-84.0 (-4.4)	-72.8 (-3.6)	-75.4 (-3.7)	-2.6 (-0.1%p)	-44.9 (-2.2%p)	
국가채무 (GDP 대비, %)	805.2 (39.8)	846.9 (43.9)	952.5 (47.1)	956.0 (47.3)	3.5 (0.2%p)	150.8 (7.5%p)	

자료: 기획재정부

재정건전성 지표를 보면, 총지출이 총수입보다 큰 확장적 재정 기조에 따라 통합재정수지 적자가 75.4조 원 발생할 것이고, 지난해 본예산 기준 통합재정수지 적자 30.5조 원에 비해 44.9조 원 늘어났으며 적자 규모는 GDP 대비 3.7%에 이른다.

국가채무는 956조 원으로 추정되고 지난해 본예산 대비 150.8조 원, 4차 추경 대비 109.1조 원 증가하였다. 지난해 본예산 기준 국가채무 비중은 39.8%이고 4차 추경 기준 비중은 43.9%이나 2021년 올해 GDP 대비 국가채무 비중은 47.3%까지 증가할 것으로 추정 된다.

코로나19의 특수한 상황에서 경제 안정화를 위한 재정의 확장적 기조에 따라 재정적자 및 국가채무의 악화 추세는 불가피할 것으로 보이나 정부는 「2020~2024년 국가재정운용계획」에서 2024년 기준 통합재정수지는 GDP 대비 −3.9%, 국가채무는 50% 후반 이내로 관리할 계획을 발표하였다.

예산의 총지출 배분을 살펴보면, 사회안전망 확충, 저출산·고령화 대응, K-방역, 고용안전망 구축 등 국민의 삶과 밀접한 관련이 있는 보건복지 고용 분야가 199.7조 원으로 총지출의 34.8%로 가장 큰 비중을 차지하고 있으며, 일반 지방행정 분야 84.7조원으로 15.2% 비중을, 교육 분야가 71.2조 원으로 14.0% 비중을, 국방 분야가 52.8조 원으로 9.7% 비중을, 산업 중소기업 에너지 분야가 28.6조 원으로 4.6% 비중으로 지출이 배분되고 있다.[72]

한국 경제정책의 방향

정부는 2021년 경제 정책 목표를 빠르고 강한 경제 회복과 활력 복원 및 선도형 경제로의 대전환으로 설정하였다.

빠르고 강한 경제회복과 활력 복원을 위해 코로나19 불확실성 대응과 적극적 경제 운용, 확실한 경제 반등과 활력 제고, 민생개선 및 지역경제 활성화 등 3가지 세부정책 방향을 제시하였으며 이를 위해 재정정책 확장기조를 지속하는 한편 중앙 재정은 상반기에 역대 최고 수준인 63%의 예산을 조기 집행할 예정이다.

선도형 경제로의 대전환은 혁신 확산 및 차세대 성장동력 확보, 안정·지속 성장을 위한 미래 대비, 경제구조의 포용성·공정성 강화 등 3가지 세부 정책 방향을 제시하였다.[73]

2021년 예산안 10대 중점 프로젝트는 한국판 뉴딜 21.3조 원, 200만 개 이상 일자리를 지키고 새로 창출하는 투자 8.6조 원, 지역사랑상품권, 소비쿠폰 등 민간소비 창출 1.8조 원, 혁신도시 지역 소멸 대응 등 국가균형발전 본격 투자 16.6조 원, 혁신적 뉴딜 투자펀드 조성 1조 원, 기업 유동성 신성장 투자를 위한 정책금융 등 33.9조 원, 일자리·주거·금융·교육 등 청년희망패키지 투자 20.7조 원, 생계·의료·주거·교육 4대 사회안전망 확충 46.9조 원, K방역+자연재해예방+국민생명 지키기 3대 프로젝트 7.1조 원, 국민생활환경 청정화 3대 프로젝트 3조 원 등이다.

이중 한국판 뉴딜정책은 디지털 뉴딜과 그린뉴딜 및 안전망 강화 사업으로 2025년까지 총 68.7조 원을 투자하며, 2021년에는 디지털 뉴딜 7.9조 원, 그린뉴딜 8조 원, 사회안전망 강화에 5.4조 원을 투자한다.

한국판 뉴딜의 10대 대표 과제는 디음과 같다.

데이터댐 2.8조 원, 지능형 AI 정부 0.8조 원, 스마트 의료 인프라 0.06조 원, 그린 스마트 스쿨 0.1조 원, 디지털 트윈 0.3조 원, 국민안전 SOC 디지털화 2.4조 원, 스마트 그린 산단 0.7조 원, 그

린 리모델링 0.7조 원, 그린 에너지 1.3조 원, 친환경 미래 모빌리티 2.4조 원을 투자한다.[74]

정부는 디지털산업 활성화를 위하여 데이터댐 건설을 추진 중에 있으며, 데이터의 접근성 증가로 빅데이터 관련 산업에 대한 투자 기회 증가와 활성화를 기대하고 있다.

기준금리의 추이와 전망

전 세계를 강타한 코로나19 팬데믹이 발생하자 한국은행은 금융기관에 무제한 유동성을 공급하는 양적완화를 시행하였다. 아울러 한국은행은 2020년 3월 16일 임시 금통위를 열고 기준금리를 기존 1.25%에서 0.75%로 0.5%포인트 내렸다. 빅컷을 한 것이다.

이후 5월 금통위에서 한 차례 금리를 더 내리며 기준금리가 역대 최저 수준인 0.50%가 됐다. 기준금리를 역대 최저 수준인 연 0.50%로 떨어뜨린 한국은행이 금리 동결 기조를 2021년에도 계속 이어가고 있다.[75]

초저금리 기조에 주식과 부동산 가격이 치솟고 있지만, 코로나19 사태를 버티기 위해 생활자금을 대출한 가계나 기업들의 대출도 늘어나 있는 상황이라 금리를 올리면 가계부채와 기업부채

의 부담이 커진다는 것이 금리를 올리기 어려운 현실적인 이유이
기도 하다.

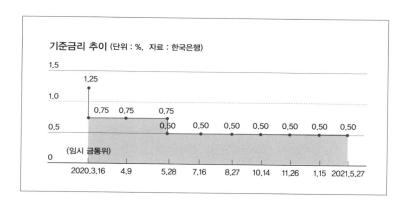

기준금리 추이 (단위 : %, 자료 : 한국은행)

코로나19 백신 보급이 진행되면서 경기회복에 대한 기대감은
갈수록 커지고 있지만 해외에서 코로나19 변이 바이러스가 확산
하고 있어 실물경제 회복을 둘러싼 불확실성은 여전하다. 특히
고용과 소비지표는 여전히 부진한 상황이기 때문에 실물경제 회
복을 확인하기 전까지 한국은행이 금리를 올리기는 쉽지 않을 것
이라는 전망이 지배적이다.

그러나 성공적 방역으로 예상보다 실물경제 회복세가 빨라지
고 물가상승 압력이 높아지면 한국은행도 기준금리 인상을 고민
할 수밖에 없다.

따라서 미국의 금리인상 여부, 물가 상승 압력 등 거시경제 지

표를 관찰하고, 한국은행의 선제적 금리 인상 가능성을 염두에 두고 시나리오 경영을 해야 한다.

금리 인상에 따른 가계부채와 기업부채의 이자 부담 증가에 대해서도 적절한 대비를 하여야 할 것이다.

정부 또한 가계부채 증가율을 안정적으로 관리하고 금리상승 리스크에 대비한 가계부채 부담을 완화해 줄 조치를 적극 추진해야 할 것이다. 금리상승에 취약한 저소득층이 더 낮은 금리로 대환 및 신규대출이 가능하도록 지원해야 한다.

감시자본주의 시대가 온다

감시자본주의란 무엇인가?

『초예측 부의 미래』의 저자 유발 하라리는 자본주의는 사람들의 욕망을 전제로 하며, 자본주의가 승리한 이유는 자유라고 언급하였다. 공산주의는 계획경제로 인하여 재화와 서비스를 중앙에서 관리하며 공급하였는데, 자본주의는 개개인의 자율적 의사결정에 따라 재화와 서비스의 수요와 공급이 결정되기 때문이다. 즉 중앙통제가 아닌 사람들이 스스로 결정할 자유를 가진 것, 이것이 자본주의의 성공 비결이라고 보았다.

빅데이터의 관점에서 자본주의를 바라본다면, 20세기에는 자본주의의 분산형 정보처리시스템이 공산주의의 중앙집중형 정보처리시스템보다 유효하게 작동했다.

그러나 21세기에는 인공지능, 빅데이터, 알고리즘 같은 기술로 인해 중앙컴퓨터에서 엄청난 양의 정보를 처리해 신속하고 정확한 결정을 내리는 것이 더 효율적일지도 모른다. 이런 경우는 분산 시스템보다 중앙집중형 시스템이 더 효율적일 수 있는데, 의학이나 유전학 등이 이런 정보 기술의 유용한 분야가 될 것이다.

그러나 이러한 중앙집중형 정보처리 시스템은 중국과 같은 공산주의 국가에서는 가능한 일일 수 있으나 자유주의 국가들은 개인정보 보호로 인하여 이런 기술을 적용하기가 어렵다.

중앙집중형 정보처리 시스템은 권력의 분산을 추구하는 자본주의의 자유시장 원리와는 다르게 작동한다. 20세기에는 분산 시스템이 우위에 있었지만 새로운 과학 기술에 힘입어 21세기에는 중앙집중형 시스템이 더 효율적일 것이고, 오히려 권위주의 시대의 약점으로 꼽히던 것이 오히려 장점이 될 수 있는 것이다. 따라서 빅데이터를 통제하고 이용할 수 있는 중국이 정보의 자유로운 활용을 통하여 새로운 시대의 강국으로 부상할 가능성이 있다.

21세기에는 데이터가 세계에서 가장 중요한 자산으로 부상하고 있다. 부와 권력의 원천인 데이터를 누가 차지하느냐에 따라 정치, 경제, 사회, 기술 모두가 바뀌게 된다. 21세기는 디지털 감시기술이 노동자 및 소비자의 행동을 면밀하게 관찰 분석해 모은 데이터로 수익을 창출하는 감시자본주의 체제가 될 것으로 예측되고, 이대로라면 빅데이터가 인간보다 인간을 더 잘 알게 될 것이다. 빅데이터를 수집하고 관리하는 극소수의 기업이나 사람들이 모든 힘을 가지게 되며, 이러한 감시자본주의 체제의 선두에 있는 페이스북, 애플, 구글, 아마존 등은 데이터 소유권에 대한 정부 규제에 저항할 것이다.

 빅데이터는 생산 과정에 직접 참여하는 노동자뿐만 아니라 생산 과정 외부에 있는 많은 사람에 의해 만들어진다. 즉 이러한 AI 시대의 자본인 빅데이터를 생산하는 데 기여한 사람들에게는 정작 이익이 전혀 공유되지 않고, 오히려 플랫폼 경제에서의 플랫폼 기업들이 이익을 독점하는 것이다.[61]

 그러나 이러한 플랫폼 기업들의 이익 독점은 정의롭지 못하다. 그래서 시민들은 빅데이터 이용에 대한 세금을 거두어 배당을 실시해야 한다고 주장하고 있고, 2020년 G20은 디지털세에 대한 논의를 시작하였다. '구글세'라고도 불리며, 빅데이터가 주요한 생산 요소가 되었으므로 데이터 사용에 대한 세금을 부과하자는 논의가 진행 중이다. 구글, 아마존, 페이스북 등 IT 기업의 소득 이전 행위를 막고 수익이 발생하는 국가에서 과세하자는 논의가 이루어지고 있는 것이다.

 한편, 정부는 디지털 산업 활성화를 위하여 데이터 댐 건설을 추진 중에 있으며, 데이터의 접근성 증가로 관련 산업에 대한 투자 기회 증가와 활성화를 기대하고 있다.

그러나, 빅데이터 산업 활성화와 소수의 정보 독점을 막기 위해서는 규제개선과 정보보안이 필요하다. 어떤 공공 데이터를 개방할 것인지, 어떤 개인정보를 보호할 것인지 판단하고 조정하는 대책이 필요하다.

정부는 감시자본주의로 진화하는 자본주의 발전 흐름과 경제의 성장을 고려하여 개인정보보호 영역과 정보 사용에 대한 과세 여부에 대해 조화로운 정책을 만들고 조정하는 역할을 해야 할 것이다.

감시자본주의로의 전환에 따라 생산, 분배, 소비, 고용 등 경제 활동도 플랫폼 경제로 이동하고 있다. 플랫폼 경제는 주문형 경제로서 재화와 서비스의 생산, 분배, 소비, 고용 등 경제 활동이 온라인 플랫폼을 통한 주문에 기반해서 이루어지는 경제이다.

따라서 플랫폼 경제로의 이동에 따라 고용 형태도 변화하고 있다. 플랫폼 노동 등 고용 형태가 변화함에 따라 기존의 사회보험을 통한 사회적 위험을 해결하는 방식이 작동하지 못하고 있다.

기존의 사회보험은 정규직 보호에 치중되어 있어서 플랫폼 노동처럼 고용 관계에서 벗어난 새로운 일자리들을 포괄하지 못하고 있기 때문이다. 따라서 기존의 사회보험으로는 포괄할 수 없는 사회적 위험에 대한 새로운 접근 방법으로서 기본소득을 주장하는 요구가 증가하고 있는 것이다.

이렇게 감시자본주의가 계속 진행된다면 결국 자유시장 경제는 해체될 수밖에 없다. 쌀과 돼지고기의 수요와 공급에 대한 모든 데이터를 가지고 있는 아마존이 쌀과 돼지고기의 맛, 가격, 양을 결정하게 될 것이기 때문이다. 즉 특정 기업이나 집단이 모든 재화의 수요와 공급에 대한 모든 데이터를 가지고 수요와 공급을 결정할 수 있게 된다면 결국 자유시장 경제는 무너지고 중앙집중형 계획경제 시대로 돌아가게 될지도 모른다.

자본주의의 미래는 불확실하다. 시장에서의 자유 교환에 따른 수요와 공급 기능이 제대로 작동되지 않는다면 결국 자본주의는 해체되고 새로운 경제체제가 등장하게 될 수도 있다.

기술의 노예, 알고크라시

기술의 발전으로 인간이 만들어 놓은 알고리즘이 인간의 결정을 대신하고 있다. 증권거래소가 주식거래를 자동으로 체결하고, 전기·가스·수도의 공급과 안전관리도 알고리즘에 의해 자동으로 이루어진다. 슈퍼마켓에서는 선반의 초소형 센서를 통해 식품 데이터를 수집해 신선한 식품이 부족하지 않도록 적시에 공급하고 있다.

기계의 학습능력은 무어의 법칙에 따라 계속 발전하고 있으며, 한번 만들어 놓은 알고리즘은 계속 발전하면서 인간의 일을 대체하고 의사결정도 대신하고 있다.

페이스북은 '좋아요'를 분석하여 나보다 더 나에 대해 잘 알게 된다. '좋아요' 10개를 분석하면 직장 동료보다 나를 페이스북이 더 잘 안다. '좋아요' 70개를 분석하면 친구보다 나를 페이스북이 더 잘 안다. '좋아요' 150개를 분석하면 가족보다 나를 페이스북이 더 잘 안다. '좋아요' 300개를 분석하면 배우자보다 나를 페이스북이 더 잘 안다.

웨어러블 기계가 경고신호를 보내면 자신의 감정이나 기분보다 기계의 신호를 신뢰한다. 수많은 알고리즘을 구글, 애플, 삼성 같은 기업들과 국가들이 만들어 내고 있다. 이대로라면 빅데이터가 인간보다 인간을 더 잘 아는 힘을 가지게 될 것이다.

문제는 이러한 알고리즘을 인간들이 잘 모른다는 것이다. 주식 시장에서 주식이 어떻게 거래가 이루어지는지 우리는 모른다는 것이다. 다만 거래가 제대로 이루어졌을 것이라고 자본시장에 대한 신뢰를 가지고 있을 뿐이다. 이러한 알고리즘을 신뢰하면 알고리즘이 종교가 된다.

미국의 철학자 존 대너허^{John Danaher}는 이러한 점을 지적하였다. 알고리즘의 결정 과정을 인간들이 모르기 때문에 이러한 결정 과정은 반드시 저지되어야 한다고 주장한다. 지능 폭발로 초지능이 의사결정을 한다면 인간들은 초지능의 프로세스를 이해하지 못함으로써 초지능의 생각에 개입하여 검증하고 통제를 하지 못하게 된다.

기술이 너무 큰 힘을 갖게 되어 우리가 그 노예로 봉사하게 두어서는 안 된다. 기술이 인간을 위해 봉사하도록 해야 한다. 정부 차원에서는 유전자 조작기술이나 자율무기 체계 같은 위험한 기술 개발을 규제해야 할 것이지만 시민들도 스마트폰과 정보기기가 자신을 지배하고 있는 것은 아닌지 살펴보아야 하고, 자신의 삶에 대한 통제권을 알고리즘에게 넘겨주지 말아야 한다.

이렇게 빅데이터에 의해 재화의 수요 공급이 결정되고, 알고리즘에 의해 의사결정이 통제를 받게 되는 감시자본주의가 계속 진행된다면 결국 자유시장 경제는 해체되고 말 것이다. 재화나 화폐의 교환이 아닌 빅데이터가 교환 대상이 되는 시장경제가 되거나 빅데이터가 통제하는 중앙집중형 계획경제체제로 돌아갈지도 모른다.

어떠한 경제체제를 유지할 것인지 선택의 시간이 다가오고 있다. 결국, 미래사회의 삶의 방식과 경제체제에 대한 공동체의 합의가 필요할 것이다.

　우리는 이러한 합의를 통해 미래사회의 삶의 방식과 미래세대가 살아가야 할 새로운 경제체제를 결정해야 한다. 또한, 이러한 합의를 통해 자본주의 체제를 위협하는 여러 요소들을 미리 제거함으로서 기존의 경제 시스템을 안정적으로 유지할 수 있는 길을 모색 할 수 있을 것이다.

CHAPTER 5

VISION
미래와의 전쟁

추월의 미래인가, 낙오의 미래인가

추월의 미래를 위한 환경 조성과 기회 포착

국가의 경제 규모를 말하는 GDP는 민간의 소비지출, 기업의 투자지출, 정부의 재정지출, 해외 순수출의 총량으로 결정된다.

기업은 내수와 해외시장에서 매출을 통해 벌어들인 수익을 재료비, 노무비, 경비를 지급하고, 남은 이익을 주주에게 얼마나 배당할지, 기업의 미래를 위해 얼마나 투자할지, 아니면 얼마나 기업 내부에 유보할지 결정한다. 근로자도 월급을 받으면 얼마나 소비할지, 아니면 미래를 위해 얼마나 저축할지 결정한다. 정부는 세입을 기본으로 하여 세출예산을 편성한다. 즉 정부는 어디에서 세금을 거두어 어디에 세금을 쓸지 결정하는 것이다.

따라서 정부의 역량, 역할과 정책이 각 경제 주체들에게 영향을 미칠 수 있으므로 정부는 경제, 경영 환경과 경제 주체들의 의사결정 요인을 종합적으로 통찰하여 정책을 결정하여야 한다.

국토 면적이 가장 넓은 나라는 러시아, 캐나다, 미국 순이고 가장 작은 나라는 바티칸, 모나코, 나우루이다. 인구 크기 순서로 살펴보면 중국, 인도, 미국 순이고 인구가 적은 순으로 보면 바티칸, 투발루, 나우루 순이다.

그러나 세계 GDP 순위는 국토 면적 순도, 인구 순서도 아니다.

IMF에서 발표한 2021년 GDP 전망치는 미국이 21조 9,216억 달러, 중국이 16조 4,928억 달러, 일본이 5조 1,032억 달러 순이고, 한국은 1조 6,741억 달러로서 1조 7,630억 달러인 캐나다에 이어 세계 10위를 차지하고 있다.

IMF 발표 2020년 1인당 GDP 순위

순위	국가	미국 달러($)	인구(만 명)
1	룩셈부르크	116,920	62
2	스위스	86,849	860
3	아일랜드	83,849	499
4	노르웨이	67,176	538
5	미국	63,415	33,000
25	대한민국	31,496	5,177

2020년 1인당 GDP 순위는 룩셈부르크 11만 6,000달러, 스위스 8만 6,000달러, 아일랜드 8만 3,000달러, 노르웨이 6만

7,000달러, 미국이 6만 3,000달러 순이다.

한국은 3만 1,496달러를 기록했다.

세계 GDP 순위 또는 1인당 GDP는 국토, 인구, 자원이 많다고 높아지는 것이 아니다. 인구 499만의 아일랜드는 노사정 사회적 파트너쉽을 통해 83,849달러의 1인당 GDP를 달성하고 있다. 그러나 한때 GDP 세계 4위였던 산유국 베네수엘라는 석유 산업에 의존하다가 유가 하락과 경제 실정으로 경제가 후퇴하여 마지막 통계 자료인 2019년도 1인당 GDP는 2,229달러로 떨어졌다.

베네수엘라 경우나 아일랜드 등 선진국의 사례를 살펴보면 정부의 역량이나 정책, 역할에 따라 국가 경제가 성장할 수도 후퇴할 수도 있음을 알 수 있다.

우리를 둘러싸고 있는 현실은 매우 냉혹하다. 미국과 중국 사이에 벌어지고 있는 패권 경쟁은 더욱 심화되고, 북한의 핵무기 위협은 증가될 것이다. 자국 산업을 보호하려는 보호무역주의는 더욱 심화될 것이고, UN SDGs 준수와 ESG경영에 대한 요구는 국가와 기업을 향해 더욱 거센 압력을 가할 것이다.

가까운 미래에는 모든 산업을 저탄소산업으로 전환해야 하는 도전이 기다리고 있고, 코로나19를 극복하더라도 팬데믹은 계속 발생할 가능성이 있으며, 팬데믹에 대비하지 못하는 국가는 경제적 격차가 발생하는 백신 디바이드가 나타날 것이다. 이미 팬데믹과 기술 발전으로 산업 구조는 언택트 산업과 온택트 산업으로 대전환을 일으키고 있다.

한국은 출산율이 급격하게 떨어지면서 초고령화 사회가 지속되겠지만 세계 인구는 계속 증가하여 2050년 경에는 100억 인구에 도달할 것이며, 과학과 기술의 발전으로 AI는 계속 진화하고, 로봇은 생활화되며, 디지털산업은 더욱 활성화될 것이다. 생명공학 또한 급속하게 발전함으로써 인간의 기대수명은 크게 늘어나고, 신체적 인지적 능력은 더욱 보강될 것이다.

이제 미래와의 전쟁이 시작되었다.

정부는 물론이고 각 경제 주체들이 대변혁의 시대 흐름을 적시에 읽지 못한다면 낙오의 시간이 될 것이고, 경제는 회복할 수 없는 추락의 위기를 겪게 될 것이다.

그러나 이 변화와 위기를 기회로 삼아 선도적으로 대응하고 준비한다면 오히려 기회의 시간이자 추월의 시간이 될 수 있다. 우리는 미래와의 전쟁을 추월의 시간으로 만들어야 하는 것이다.

먼저 정부는 21세기 급변하는 시대 흐름과 방향을 잘 이해하고 신속하게 대응하여 국가 경제의 생존과 성장을 잘 견인하여야 하며, 부강한 경제를 선도하여야만 한다. 미래와의 전쟁에서 승리하고 국민소득 10만 달러 수준의 경제 강국으로 도약하기 위해 우리를 둘러싸고 있는 경제, 경영 환경과 각 경제 주체들의 의사 결정 요인을 종합적으로 통찰하여 선제적으로 대응하고 적극적 지원을 아끼지 말아야 한다.

정부는 한반도의 정치적 위험과 코로나와 싸우고 있는 세계 경제 변동성을 잘 관리해야 하고, 사회적 변화, 기술적 흐름에 대응하기 위한 산업구조 대전환을 신속하게 선도해야 하는 중대한 책무를 지고 있다.

따라서 산업구조 대전환을 위한 적극적인 세금 햇볕정책과 규제정책의 조화로 기업의 투자 여건을 조성하여 미래산업으로 투자를 유도하여야 하고, 아울러 AI 시대, 로봇 시대를 준비하기 위하여 창의력과 공감력, 디지털 리터러시를 바탕으로 하는 새로운 교육을 미래세대에게 제공해야 한다. 로봇에게 일자리를 빼앗기지 않는 핵심 역량에 대한 교육 또한 요구된다.

이제 AI가 AI에 대한 경쟁력을 높이는 방법을 교육할지도 모른다. 일 대 일 맞춤식 수업이 가능할 것이고, 오히려 학생들이 기계와의 학습으로 인해 스트레스가 적고 편안한 마음으로 수업에 임하게 될지도 모른다.

무엇보다 정부는 AI 및 로봇에 의해서 창출되거나 변경되는 일자리 관련 재교육 및 기술 습득을 충분히 지원해야 한다. 일자리 감소가 아니라 일자리 이동이 가능하도록 새로운 교육과 기술을 습득할 수 있도록 적극적인 지원을 해야 할 뿐 아니라 저탄소 시대의 녹색경제 구축을 위한 직업훈련을 제공해야 할 것이다. 화석연료문명의 붕괴와 새로운 인프라의 부상에 따라 21세기 탄소중립을 위한 녹색경제의 구축 및 관리에 따른 인력과 일자리가 많이 필요할 것이기 때문이다.

한편 기업은 정치, 경제, 사회, 기술의 거대한 흐름을 신속하고 정확하게 인식하고, 21세기 국제 규범인 UN SDGs와 ESG경영을 적극적으로 수용하여 생존과 성장 전략을 준비해야 한다.

기업의 투자 기회는 재무적 성과와 비재무적 성과를 동시에 고려해야 하고, 비재무적 성과는 ESG경영을 통해 실현해야 한다. 즉, 정부는 당면하고 있는 여러 변화의 흐름을 조기에 인식해서 기업의 투자 여건을 조성해 주고, 미래세대에게 새로운 미래를 위한 교육을 제공해야 하며, 기업은 투자 기회를 잘 포착하여 기업의 사회적 책임(CSR) 관점이 아닌 사회적 가치와 경제적 가치를 동시에 추구하는 CSV(Creating Shared Value) 관점에서 적절하게 투자에 대한 의사결정을 하여야 한다.

우리를 덮치고 있는 거대한 파도와 맞서 싸우기 위해서는 정부의 신속한 여건 조성과 미래 교육, 그리고 기업의 투자 기회 포착으로 산업구조 대전환이 신속하게 이루어져야 한다.

미래산업으로의 대전환

한국경제는 일제의 수탈과 6.25전쟁 등 피폐한 산업기반 속에서도 민족적 저력을 발휘하여 오늘날 세계 경제규모 10위의 경제강국으로 성장하였다.

GDP 규모는 아래 국내총생산과 1인당 국내총생산 변화 추이에서 알 수 있듯이 1960년 19억 달러에서 2020년 1조 6,382억 달러로 60년 동안 820배 성장하였고, 1인당 GDP도 1960년 79달러에서 2020년 31,637달러로 60년 동안 400배 증가하는 경이적인 성장을 이룩하였다.

우리나라는 2019년 인구 5,000만 명 이상 1인당 GDP 30,000 달러 이상의 30-50 클럽에 일본, 미국, 영국, 독일, 프랑스, 이탈리아에 이어 세계 7번째로 가입하였고, 2021년 UN무역개발회의(UNCTAD) 역사상 처음으로 개발도상국에서 선진국 그룹으로 지위가 격상되었다. 1964년 UN무역개발회의가 설립된 이래 개발도상국에서 선진국 그룹으로 지위를 격상한 국가는 우리나라가 처음이다.

국내총생산과 1인당 국내총생산 변화 추이 (1960~2020)

단위: 국민 총생산: 억 달러, 1인당 국내 총 생산: 달러

항목	1953	1960	1970	1980	1990	2000	2010	2020
국내총생산	13.48	19.87	81.60	653.50	2,832.80	5,763.60	11,438.70	16,382.00
1인당 국내 총생산	65.72	79.46	253.20	1,714.10	6,608.10	12,260.80	23,083.30	31,637.30

한국은행 경제통계 시스템 참조

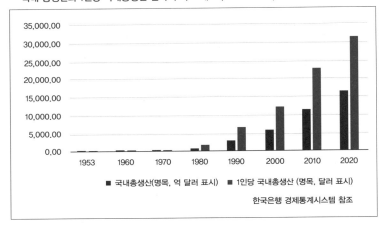

국내 총생산과 1인당 국내총생산 변화 추이 그래프 (1960~2020)

■ 국내총생산(명목, 억 달러 표시)   ■ 1인당 국내총생산 (명목, 달러 표시)

한국은행 경제통계시스템 참조

경제의 성장을 국민들이 즐겨먹는 국민외식 짜장면을 예로 들어 설명하면 이해하는 데 도움이 될 것이다.

구분	1980년	2020년	증가율(배수)
짜장면 가격	350	5,000	14.3
1인당 GDP	1,042,000	37,334,000	35.8
짜장면 구매 그릇 수	2,977	7,467	2.5

하나금융경영연구소의 국내 주요 재화 및 서비스의 가격 추세 분석 (1980~2020) 참조

하나금융경영연구소의 국내 주요 재화 및 서비스의 가격 추세 분석(1980~2020)의 연구결과에 따르면 1980년대 짜장면 가격은 350원이었고, 2020년 현재의 가격은 5,000원으로 14배 증가하

였다.

1980년부터 2020년까지 지난 40년간 GDP는 653억 달러에서 1조 6382억 달러로 25배 증가하였고, 1인당 GDP는 원화가치로는 104만 원에서 3,733만 원으로 35배 증가하였으며, 달러 기준으로는 1,714 달러에서 31,637달러로 18.5배 증가하였다.

그러나 짜장면 구매력을 기준으로 경제성장률을 살펴보면 물가상승으로 인하여 짜장면을 살 수 있는 구매력은 2.5배 증가하였다. 즉 1980년 전국민은 평균적으로 짜장면 2,971그릇을 먹을 수 있는 소득이 있었으나, 2020년 현재 한국 국민은 소득의 증대로 인하여 7,467그릇을 먹을 수 있게 되었다. 짜장면 구매력이 2.5배 증가한 것이다.

하나금융경영연구소의 국내 주요 재화 및 서비스의 가격 추세 분석(1980~2020)에 따르면 1980년 이후 40년간 대부분의 재화나 서비스 가격이 GDP 상승률보다 낮게 상승하여 우리 국민의 평균적인 실질 구매력은 증가한 것으로 분석되었다.

이러한 눈부신 경제성장은 어떻게 가능하였을까?

1960년대 우리나라보다 잘살았던 태국은 1960년 1인당 GDP가 260달러였으나 2020년은 7,808달러로서 세계 70위 경제 수준을 유지하고 있다. 필리핀도 1960년 1인당 GDP가 170달러였으나 2020년에는 3,485달러로서 세계 103위 수준이다.

그렇다면 대한민국은 어떻게 1960년 1인당 GDP 79달러에서 2020년 31,637달러로 400배 성장하는 한강의 기적을 이룩하였을까?

기적의 원동력은 수출 주도형 산업화와 경공업에서 중공업으로의 산업구조 대전환이었다.

1960년대 당시 대한민국의 경제 상황은 열악하였다. 산업기반도, 투자 자금도 없었고 국제 사회로부터 원조를 받는 것도 차관을 빌리는 것도 쉽지 않은 상황이었다.

그러나 독일에 광부와 간호사를 파견하고 빌린 차관과, 대일청구권협정으로 받은 배상금, 월남전 파병 등으로 벌어들인 눈물겨운 돈으로 산업화의 기초를 마련하여 한강의 기적을 이룩하였다.

한국정부는 1961년 독일에 가서 광부 5,000명을 3년간 파견하는 지급보증을 서고 차관 3,500만 달러를 빌렸다. 1963년 12월 21일 광부 123명을 필두로 1977년까지 광부 7,932명, 간호사 10,226명을 파견하였다.

또한 1965년 6월 22일 김종필-오히라 회담을 통하여 한일청구권협정을 맺고 무상 3억 달러 배상금과 3.5% 이자율로 7년 거치 20년 상환의 차관 2억 달러, 민간 상업차관 1억 달러를 빌렸으며, 베트남전에 의료진과 태권도 교관 파병을 시작으로 전투부대를 포함해 총 32만 5,517명의 병력을 파병하여 사망자 5,099명, 부상자 1만 962명, 고엽제 피해자 8만 9,708명이라는 큰 대가를 치르면서 장병들의 수당 지급액으로 1965년부터 1973년까지 총 23억 5,500만 달러를 받게 된다. 그외 미국 군사원조 증가 등 추가로 총 50억 달러에 달하는 외화 수입 효과를 거둔다.[76]

이렇게 눈물겹게 벌어들인 외화 자금으로 정부는 수출주도형 산업을 육성하였고, 경부고속도로, 소양강댐, 철도시설 등 사회간접자본을 확충하였다. 또한 합판, 고무, 섬유, 타이어, 합성수지, 시멘트, 판유리 등 기존 경공업의 규모를 확대하여 수출을 증대하고, 중공업 분야에서도 철강, 화학 및 기계 공업을 키워 수출을 증가시킬 토대를 마련하기 위해 포항종합제철의 건설과 울산석유화학공업단지를 조성하였다.

대일청구권 자금 51%를 포항종합제철에 투입하였고, 1973년 7월 생산 능력 103톤 규모의 제1기 종합제철소가 탄생하였다. 철강은 산업의 쌀이라고 불릴 정도로 산업화에 필수적인 재료이므로 포항제철의 건설로 철강 수요가 많은 조선, 자동차 산업을 동반 성장시킬 수 있는 토대를 갖추게 되었다. 울산석유화학단지도 1970년 착공되어 1973년까지 12개 공장이 모두 완공되었다. 울산석유화학단지의 건설로 국내의 석유화학 제품 수요를 충당하고 동 제품을 전 세계로 수출할 수 있는 발판을 마련하였다.

대한민국 정부는 중공업으로 산업구조 전환을 유도하기 위하여 법적, 제도적 근거를 마련하여 적극 지원하였다. 기계공업진흥법, 조선공업진흥법, 섬유공업근대화촉진법, 전자공업진흥법,

철강공업육성법, 석유화확공업육성법, 비철금속제철사업법 등을 통하여 제도적으로 뒷받침하였다.

또한 정부는 민간 기업이 중화학공업으로 산업구조를 전환할 수 있도록 여러가지 유인을 제공하였다. 먼저 중화학공업 건설에 소요되는 자금을 무제한으로 공급하였다. 산업은행 등의 국책금융기관을 통해 장기 저리의 정책금융을 제공하였다. 추가적인 소요자금은 일반 시중은행을 통해 금리가 낮고 상환기간도 긴 장기 대출을 제공하였다.

아울러 정부는 연구개발 지원을 강화하기 위해 정부 출연 연구소를 신설하거나 확대하였고 중화학공업이 입주할 창원기계공업단지, 울산석유화공업단지, 여천종합석유화학단지, 구미전자공업단지 등 국제 규모의 공업단지를 조성하였다.[77]

또한 정부는 중공업화에 필요한 산업기술인력을 공급하기 위해 공업고등학교 중심의 기능인력을 양성하였으며, 정부특별지원금을 지원하여 기능 인력의 양성을 독려하였다.

이러한 산업화를 위한 정부의 적극적인 지원과 기업의 신속한 투자의사결정이 산업화의 기반을 닦았으며, 이를 바탕으로 대한민국은 세계 수출 7위, 세계 수출시장 점유율 1위 품목 69개로 11위, 세계경제 10위의 경제강국으로 부상한 것이다. 정부가 산업구조 대전환을 위한 여건을 조성하고 기업이 적시에 투자에 나섬으로써 경제 강국의 토대를 만든 결과이다.

이제 다시 대전환의 시대에 서 있다.

이제는 패스트 팔로워가 아니라 퍼스트 무버로 세계 경제를 선도해야 한다. 신속한 산업구조 대전환을 통하여 1인당 국민소득 10만 달러 미래의 토대를 마련하고 미래 경제를 선도해 나가야 한다.

이제 디지털산업과 4차산업혁명을 주도하는 국가와 기업은 앞서나갈 것이나 시장 흐름에 보조를 맞추지 못하는 국가와 기업은 생존을 담보하지 못할 것이다.

미래를 위한 전략

탄소제로 인센티브

가까운 미래에는 모든 산업이 저탄소 산업으로 전환하게 된다. 2030년 탄소 배출량 50% 감축과 2050년 탄소제로 사회의 도래로 화석연료문명은 붕괴가 될 것이다. 탄소제로 사회로 가기 위한 이니셔티브가 제정될 것이고, 탄소배출권 거래제뿐만 아니라 탄소배출세, 탄소국경 조정세 등을 부담하여야 할 것이다.

뿐만 아니라 이제 플라스틱세 도입이 검토되고 있으며, 플라스틱을 사용하는 산업은 점차 사양화의 길을 걸을 수밖에 없다. 이와 같은 환경 요소로 인해 개인 용기를 가져와서 세제를 담는 리필스테이션이 늘어날 것이며, 가축을 사육하는 과정에서 발생하는 이산화탄소를 줄이기 위해 식물성 원료를 이용하여 만든 식물성 고기의 유통이 더욱 확대될 것이다. 즉 모든 산업 분야가 화석연료문명 인프라에서 분리되어 새롭게 부상하는 그린뉴딜 산업 인프라와 결합하게 된다.

정부는 세금 유인과 규제정책을 통해 산업구조 대전환을 유도해야 한다. 청정하고 재생이 가능한 에너지, 녹색 기술, 건축물의 태양광 및 풍력발전설비, 주택, 건물, 공공시설의 에너지 저장시설, 전기자동차, 전기차 충전소 설치에 대한 세액공제와 세금 인센티브를 제공해야 하며, 정부도 자산을 탄소제로 자산으로 전환하여야 하고, 재정지출 우선순위를 조정하여 연구개발에 대한 지원을 하여야 한다.

또한 탄소 중립 목표를 달성하기 위해 원전과 신재생 에너지를 병행하여 전력 수급 안정성을 유지하여야 한다. 석탄 발전 비중을 축소하는 대신 원전을 활용해 재생에너지를 보완하는 에너지 시스템을 구축해야 할 것이다.

미국은 바이든 행정부가 출범하면서 재생에너지 보급과 차세대 원전에 대한 투자를 확대하고 있고, 지난 2011년 후쿠시마 원전 사고를 당했던 일본도 원전 없이는 탄소 중립이 불가능하다는 인식으로 원전을 재가동하기로 했으며, 중국도 탄소배출 감소와 전력 수요에 대응하기 위해 원전을 늘리고 있는 형국이다. 빌 게이츠도 '빌&멀린다 게이츠재단'을 통하여 기후온난화 및 이산화탄소 배출을 막기 위한 새로운 에너지원 개발을 위해 노력하고 있으며, 위험하지 않은 원자력발전 기술을 연구하고 있다.

2021년 5월 한미정상회담을 통해 한미 양국은 해외 원전시장에서 민간 원자력산업 협력을 확대하고, 공급망 협력을 촉진함으로써 해외 원전시장에 공동 참여하기로 하였으며, 한미원자력 고위급위원회를 개최하기로 합의했다.

정부는 그동안 2030년까지 신재생에너지 발전량 비중을 20%까지 확대하는 에너지 전환정책을 시행하며, 탈원전 정책을 유지해 왔다. 월성 1호기 사용기한을 연장하지 않고 폐쇄하고, 신고리 5, 6호기 건설을 중단한 후 공론화 위원회에서 건설 재개 권고 후에 건설을 재개하였으며, 신한울 3, 4호기는 2015년 건설이 확정되어 2022년과 2023년 각각 준공예정이었으나 설계를 중단하는 등 탈원전 정책 기조를 유지해 왔다.

정부도 이제 한미정상회담을 계기로 탈원전정책을 폐기하고 원전과 신재생에너지를 통하여 안정적 전력 수급과 탄소 발자국 줄이기 프로세스에 동참해야 할 것이다. 원전 없이는 안정적 전력 수급과 탄소제로사회라는 두마리 토끼를 잡기가 쉽지 않을 것이기 때문이다.

한편, 꿈의 에너지인 핵융합에너지 개발에 대한 투자도 증가시켜야 할 것이다. 또한 저탄소시대의 녹색경제 구축을 위한 직업훈련을 제공해야 할 것이고, 재생에너지 생산 및 분배, 자율주행 전기차, 탄소 제로 건축물 등의 원활한 통합을 위한 규칙 기준 등을 제정해야 할 것이다.

기업 또한 이러한 거대한 파도와 시장 흐름을 읽지 못하고 변화의 파도에 몸을 싣지 않으면 생존할 수 없다. 따라서 신속하게 그린뉴딜 체제로의 전환을 실행하여야 한다.

이산화탄소 배출량 감축을 위한 사업 포트폴리오 조정을 해야만 하고, 생산과 물류 등 밸류체인 전반을 재검토하여 저탄소 산업구조로 최적화된 공급망을 구축해야 한다. 또한 친환경 제품과 에너지 효율성 확대를 위한 기술을 개발하여 기후변화에 대응하는 사업 기회를 포착할 수도 있을 것이다.

따라서 기업들은 배출되는 탄소를 줄이기 위해 공기 중 탄소를 포집해 땅속이나 깊은 바다 아래 저장하는 포집, 저장기술을 연구하고 있다. 전기차, 수소차 등의 개발과 태양광, 풍력 등 신재생에너지 효율성 제고에 대한 투자와 연구 또한 지속하고 있다.

2035년이 되면 휘발유 차량은 미국 캘리포니아에서 팔 수 없다. 2045년 이후에는 캘리포니아에서 더이상 석유를 채굴하지 못할 것이며, 결국 석유 관련 산업은 더이상 존재할 수 없게 된다.

또한 투자자들은 탄소를 배출하는 전통산업에 대하여 더이상 투자를 하지 않고 있다. 기업이 저탄소 산업으로 신속하게 전환하지 않으면 탄소세를 내야 할 것이고, 미국, 중국, EU에 수출하는 경우에는 탄소 국경 조정세를 내야 할 것이다. 저탄소 산업으로의 대전환은 선택이 아닌 생존을 위한 필요조건인 것이다.

이제 탄소제로 산업을 주도하는 정부와 기업은 앞서 나갈 것이나 시장 흐름에 보조를 맞추지 못하는 국가와 기업은 더이상 생존 할 수 없다. 지금이야말로 그린뉴딜로의 대전환을 준비하고 이행하기 위한 시민의 협의체가 필요한 시기이다. 지방자치단체까지 탄소중립위원회를 만들어 시민의 자발적 참여와 협의에 의하여 탄소 발자국 줄이기 운동이 시작되어야 할 것이다.

국가의 운명을 좌우하는 백신 주권

코로나19가 소멸되더라도 새로운 팬데믹은 계속 발생할 것이다. 코로나19 팬데믹과의 싸움은 일회성 이벤트가 아닐 것이다. 새로운 팬데믹은 계속 발생할 것이고, 계속 인류를 괴롭힐 것이다. 기후온난화, 동물 서식지 파괴 등 팬데믹 발생 원인을 근본적으로 제거하지 않으면 팬데믹은 계속 발생할 수밖에 없다. 팬데믹에 대응하는 국가적 역량에 따라 국가의 경제적 격차와 국민의 삶의 방식이 많이 달라질 것이고, 이제 백신 개발과 공급 능력이 각 나라의 경제적 격차를 결정하게 될 것이다.

새로운 백신을 개발해 시장에 공급하기까지는 10~20년이라는 시간과 10억 달러가 넘는 비용이 소요된다. 그러나 미국은 코로나19 발생 초기에 13조 원의 대규모 예산을 투입해 10년 걸리는 백신 개발 과정을 1년으로 단축하였다. 백신 개발 초고속 작전(Operation Warp Speed)을 통해 적극적인 백신 개발을 지원한 것이다.

2020년 2월 트럼프 대통령은 코로나19 발생 초기 제약회사 대표들을 모아놓고 1년 안에 백신을 개발하라고 재촉했다. 그리고 백신 개발 전문가 몬세프 슬라위 박사를 백신 개발 수장으로 영입하여 전권을 주고 전폭적인 지원을 하였다.

화이자, 모더나, 존슨&존슨, 노바백스, 아스트라제네카, GSK 제약회사 6개사 중 누가 코로나19 백신 개발에 성공할지 알 수 없었으므로 미국 정부는 연구개발비, 백신 선구매 비용, 대량생산 인프라 구축 비용 등을 지원하고, 제약회사에게는 면죄부를 주었다.

제약회사는 백신 개발에 성공하면 정부에 약속된 선구매 물량을 공급하고, 만약 백신 개발에 실패하더라도 연구개발비와 선구매 비용을 반환하지 않는다는 조건으로 기업의 연구 개발을 독려하고 전폭적으로 지원한 것이다.

또한, 군수사령관 출신 구스타프 퍼나 장군을 백신 수송 지휘관으로 임명하여 미국 전 지역에 백신을 공급하도록 하였다. 군

수 지원 체계와 군용기 등 수송 수단을 활용하고 UPS, 페덱스 등 민간 수송 회사를 이용하여 미국 전 지역에 백신을 안정적으로 공급한 것이다.

그레이엄 엘리슨 미 하버드대 교수는 초고속 작전(Operation Warp Speed)의 성공 비결을 3가지로 평가하였다.

백신 개발 전문가를 영입하여 지휘권을 주고, 100억 달러의 막대한 예산을 사용할 수 있는 권한을 주었으며, 실패해도 책임을 묻지 않는 면죄부를 준 것이 성공을 거둔 요소라고 평가한 것이다.[78]

팬데믹에 대응하기 위해서는 백신 주권이 필요하다. 정부는 팬데믹이 발생할 경우 충분한 백신을 확보하여 국민에게 제공하여야 한다.

코로나19 바이러스는 지금도 변이 바이러스가 계속해서 발생하고 있다. 또한 백신 효과의 지속기간은 6개월 가량에 불과하다. 그래서 국민들에게 백신을 안정적으로 공급하기 위해서는 국내 기술로 국산 백신을 개발해야 한다. 팬데믹이 발생하면 즉시 백신을 개발하고 생산할 수 있는 인프라를 미리 구축해 두어야 하는 것이다.[79]

백신 주권을 확보하기 위해서는 백신 개발을 위한 연구개발에 선제적으로 예산을 지원해야 한다. 백신 연구개발비와 백신 선구매 비용 등을 지원하며 백신 개발을 독려해야 할 것이다.

우리나라의 2021년 예산은 558조이고 세계 GDP 규모 10위의 경제강국이다. 우리나라의 경제 규모에 걸맞는 적극적 예산지원과 기업의 투자 확대로 백신 주권을 확보하여야 할 것이며, 백신 디바이드에 의한 국가 경쟁력 약화를 막기 위해 정부와 기업은 백신 개발을 위한 연구개발에 적극적인 지원과 투자가 있어야 할 것이다.

미래를 선도하는 연구개발 투자

미래산업으로의 대전환을 위해서는 적극적인 연구개발 투자가 필요하다.

세계는 모든 것이 연결되는 초연결시대가 될 것이다. 초연결시대는 AI, 빅데이터, 클라우드와 5G 기술이 결합하여 이루어진다. 따라서 AI, 빅데이터, 클라우드, 5G 기술은 계속 진화할 것이고 로봇도 계속 발전할 것이다. 즉, 초연결을 통하여 자율주행차, 스마트공장, 로봇, 의료, 디지털 헬스케어, 3D 프린터, 드론, VR 등 각 분야에서 혁신적인 서비스를 창출할 것이다. 아울러 로봇이 생활화되고 생활필수품으로 1인 1로봇을 갖게 되는 시대가 곧 도래할 것이다.

또한, 블록체인 기술은 계속 발전하여 분산 장부 기술을 이용하여 디지털 자산을 토큰화 시키는 토큰 경제를 주도할 것이며, 가상세계, 즉 메타버스Meta Verse를 만들어 인류가 VR을 쓰고 무한한 가상의 세계로 날아가서 활동하게 할 것이다.

세계는 AI 인재를 유치하기 위한 전쟁을 하고 있는 중이다. 전 세계 AI 인재 36,000명의 50%는 미국에 있고, 특히 36%는 실리콘밸리에 있다. 이것이 미국이 AI 기술에 있어서 앞서가는 이유이기도 하다.

정부도 적극적으로 AI 및 4차산업혁명 인재 유치를 위한 지원을 하여야 한다. 해외 핵심인재에 대한 소득세를 감면하고 인센티브를 제공하는 등 기업의 핵심인재 유치에 대한 노력을 적극적으로 뒷받침해야 한다.

아울러 신기술분야와 디지털 인재의 체계적 양성을 위해 인공지능, 반도체, 바이오 등 각 분야 전문인력 양성 프로그램에 예산을 집중 투자하고, 대학과 기업 등이 장비 사용과 신기술 연구를 협업하고 공유 할 수 있도록 산학연 협력을 지원해야 할 것이다.

또한, 정부는 핵심 전략산업 지원을 위한 입법을 통하여 제도적 뒷받침을 하여야 한다. 기업의 투자여건 조성을 위해 세액 감면, 세액공제 등 적극적 세금 인센티브를 제공하고, 연구개발 지원을 강화하기 위해 정부 출연 연구소를 신설하거나 확대하며, 연구개발에 대한 보조금 지급 등 정책자금 지원도 아끼지 말아야 한다.

아울러 AI 산업과 로봇 산업 등 4차산업혁명 활성화를 위한 수요 기반을 확충하고 관련 부품 개발지원을 강화하며, 각종 제도적 기반을 정비하여 기업의 투자 활동을 지원하여야 한다. 또한, 인공지능 윤리 위원회를 만들어 공동체 구성원이 서로 협의하여 인간에게 도움이 되는 기술이 되도록 통제되어야 할 것이다.

한편, 가까운 미래에는 생명공학의 발전으로 인간의 생명을 연장할 뿐만 아니라, 건강한 사람도 성능을 업그레이드하는 호모데우스 시대가 열린다. 뇌 관련 불치병이 치료될 것이고, 인간의 인지기능을 향상시키는 뇌 성형수술이 가능하게 된다. 생각만으로 컴퓨터를 사용할 수 있게 되고, 유전적 질병이 없는 맞춤형 아기가 계속 태어날 것이다. 의학이 중대한 개념적 혁명을 일으켜 아픈 사람을 치료하는 것이 아니라 건강한 사람의 성능을 업그레이드하는 것으로 전환된다.

그러나 아직 국내 의료 환경은 변화하는 시대 흐름에 대응하지 못하고 환자가 의료진에게 원격으로 진료 및 처방을 받는 것을 금지하고 있다. 지난해 정부가 코로나19 확산 방지 차원에서 한시적으로 원격 진료를 허용하였으나, 급격하게 성장하고 있는 원격 의료시장을 선도하기 위해서는 원격 진료 금지 규제가 풀려야 하는 상황이다.

정부는 원격의료 금지 등 규제를 적극적으로 풀어 투자여건을 조성해 주고, 기업도 변화하는 흐름에 대응하여 의료 산업과 생명공학 관련 산업에 적극적인 투자를 해야 한다. 불로장생을 열망한 진시황제가 아니더라도 호모데우스를 향한 인간의 꿈은 계속 커질 수밖에 없기 때문이다.

미래를 뒷받침하는 교육혁명

미래세대를 위한 새로운 교육혁명이 요구된다.

18세기 후반 제임스 와트와 매슈 볼턴이 뉴커먼의 증기기관을 발전시켜 공장에 동력을 제공하며 1차산업혁명시대가 열렸다. 산업혁명시대의 핵심은 인간의 노동력을 대체하는 기계화였으며, 기계의 개발과 성능 발전을 위해 연구하고 노력하던 시기였다. 이 당시 영국에서는 초중고에서 수학 과학 교육을 확대해 더 좋은 성능의 기계를 개발하고 설계하는 능력을 교육함으로써 산업혁명의 발전을 뒷받침하였다.

우리나라도 1970년대 경공업에서 중공업으로 산업구조 대전환을 통한 고도성장을 이룩하던 시기에 정부가 적극적으로 공업계고교 중심의 기능 인력을 양성하였다. 중공업화의 산업 기술 인력을 공급하기 위해 공업계 고교에 정부 특별지원금을 지원하여 기능 인력의 양성을 독려하였다. 또한 금오공고, 부산기계공고 등 11개 특성화 고교를 설립하고 포항공고, 동아공고, 대림공고 등의 사내 직업훈련소 설립을 지원하여 산업화를 뒷받침하였다.

오늘날 4차산업혁명 시대에서는 AI 등 디지털 소프트웨어 기술이 핵심이다. 디지털 소프트웨어 기술을 확보하려면 디지털 리터러시 교육이 필요하다. 디지털 리터러시 교육은 디지털 기기를 편리하게 사용할 수 있는 능력과 컴퓨팅 사고력에 대한 교육이다. 특히 컴퓨팅 사고력은 디지털 데이터의 개념과 문제해결을 위한 알고리즘의 기본 원리를 이해하는 것으로 AI의 가장 기본적인 핵심 역량이다.

4차산업혁명을 성공적으로 이끌기 위해서는 컴퓨팅 사고력에 대한 교육이 필수적이다. 영국에서는 초중고 12년간 매주 1시간 이상 정규 교과에서 컴퓨터 관련 교육을 하고 있지만, 우리나라는 2015년 이후 정보 관련 교과교육을 초등학교에서 17시간, 중학교에서 34시간 하고 있는 게 전부인 현실이다.

미래에는 컴퓨팅 사고력에 대한 교육의 혜택을 받은 학생과 그렇지 못한 학생 사이에 경쟁력의 차이가 발생할 것이고, 이로 인해 경제적 격차가 발생하게 된다.

미래사회를 준비하고 4차산업혁명을 이끌기 위해서는 초중고 교육 과정에서 모든 학생에게 골고루 정보교육 기회를 제공하여야 한다. 그러기 위해서는 교과 과정 개편 시에 정보 교과 과목에 대한 교육을 확대해야 할 것이다.[80]

또한, 정부는 AI 시대, 로봇 시대를 준비하기 위하여 창의력과 공감력을 바탕으로 하는 새로운 교육을 미래세대에게 제공해야 한다. 로봇에게 일자리를 빼앗기지 않는 핵심 역량에 대한 교육이 요구되는 것이다.

핀란드는 2020년도 교과 과정을 개편하면서 의사소통, 창의성, 비판적 사고, 협업 4가지 핵심역량을 강조하는 교과목으로 개편하였다. 아이들이 창의력, 공감력, 팀워크, 커뮤니케이션 능력 등 소프트 스킬을 배우고 자발성을 키우도록 교육하고 준비시켜야 하는 것이다.

세금 인센티브는 기업을 춤추게 한다

미래산업으로의 대전환을 위해서는 세금정책의 패러다임 변화가 요구된다. 세금정책은 규제정책뿐만 아니라 인센티브 정책이 되어야 한다. 즉 바람정책뿐 아니라 필요에 따라서는 햇볕정책이 되어야 할 것이다.

새로운 미래산업으로의 대전환 과정에서 탄소배출권거래제, 탄소세, 탄소국경 조정세는 규제정책으로서 더욱 강화될 것이다. 디지털세는 수익 발생 국가에서 과세한다는 원칙을 적용하며 과세가 이루어질 것이다.

한국은 탄소배출권 거래제를 2015년부터 시행하고 있으며, 현재 탄소세 과세 여부에 대한 논의를 하고 있다. 기업 입장에서는 국내 탄소배출권 비용 증가에 따른 부담과 탄소세 도입뿐 아니라 수출 기업의 경우, 탄소국경세까지 더욱 강화된 규제에 직면할 가능성이 높아졌다. 결국 저탄소산업으로 가기 위한 규제 정책으로서 탄소배출권 거래제, 탄소세, 탄소국경 조정세는 더욱 강화될 것이다.

이에 따라 수출 기업의 무역에 따른 통상 이익이 영향을 받을 것이다. 기업은 이산화탄소 배출량 감축을 위한 사업 포트폴리오 조정을 해야만 할 것이고, 생산과 물류 등 밸류체인 전반을 재검토하여 저탄소 산업 구조로 최적화된 공급망을 구축해야 할 것이다. 또한 정부는 탄소저감시설 구축과 연구개발에 대한 보조금 및 세액공제 등을 지원하여 탄소국경세 도입에 대비하여야 할 것이다.

한편, 2020년 G20은 디지털세에 대한 논의를 시작하였다. 빅데이터가 주요한 생산 요소가 되었으므로 데이터 사용에 대한 세금을 부과하기 위한 논의가 진행 중인 것이다. 감시자본주의로 진화하는 자본주의 발전 흐름과 경제의 성장을 고려하여 개인정보보호 영역과 정보사용에 대한 과세에 대해 조화로운 정책을 시행해야 할 것이지만 결국 수익이 발생한 곳에 과세한다는 원칙이 적용될 것이다.

경제성장과 미래산업으로의 산업구조 대전환을 위한 기업의 투자 증가와 민간 소비지출 확대를 위해서는 바람정책뿐만 아니라 세금의 햇볕정책을 사용해야 한다.

기업의 투자 확대를 위해서 정부는 각종 세금 인센티브 정책과 규제 완화를 시행해야 하고, 신기술 신산업의 투자 장려와 촉진, 인재 유치를 적극 지원해야 한다. 즉 기업의 투자에 대한 세액공제 확대와 감가상각비 등 비용처리 확대를 통해 기업의 투자를 유인하고 지원해야 한다. 아울러 세법에서 요구하는 사업자의 차량 운행일지 작성 제도와 같은 비효율적 규제는 폐지해야 한다.

또한, 자영업자 및 중소기업에게는 세금계산서 발행시기를 발생주의가 아닌 현금주의로 처리하여 외상 매출금 발생 부담과 법인세 및 부가세 등의 납부 부담을 현금 회수 시점까지 유예해 주는 것도 한 방법일 것이다.

한편 소비 활성화를 통한 경제성장과 경제활력 제고를 위해서는 정부가 기업이 자금을 풀고 가계가 소비를 하도록 여건을 조성해 주어야 한다. 돈이 돌지 않으면 경제가 활력을 가질 수 없다. 세금을 거두어 재정지출을 통한 세금 주도 정책이 아니라 법인세 비용처리와 소득세 소득공제 유인을 통해서 민간 부문의 소비지출 증가 유인을 제공하도록 하는 것이 바람직하다. 민간소비 증가를 통한 자금 흐름의 증가는 세금을 통해서 재정지출을 하는 것보다 몇 배의 승수 효과가 있다.

당장 기업들과 가계에 소비지출 증가의 유인을 줄 수 있다. 먼저 기업들에게 접대비를 업무추진비로 바꾸고 한도를 대폭 높여주는 방안이다. 기업 활동과 무관한 경비는 현행처럼 과세하면 되고 기업 활동과 관련된 여러 비용은 접대비 한도를 대폭 높여 기업들의 소비지출 증가 유인을 주는 것이다. 정부가 문화접대비 한도를 높여 준 것은 소비지출 증대와 문화산업 육성을 위해 바람직한 일이다. 정부가 문화접대비 한도를 높이듯이 기업의 일반 접대비 한도도 대폭 높여 기업의 경제활동을 촉진시킬 필요가 있다.

가계 부문도 소득공제를 대폭 확대하는 방안을 취해야 한다. 의료비, 교육비 세액공제를 소득공제로 환원할 뿐만 아니라 가계에서 지출하는 집세, 외식비, 차량 유지비, 문화 관련 비용 등 각종 생활 관련 소비지출도 대폭 소득공제를 받을 수 있도록 소득세 산정 방식을 바꾸는 것이다.

가계의 문화 관련 비용을 소득에서 공제한다는 정부의 인식은 바람직하지만 문화 관련 비용뿐만 아니라 각종 생활 관련 비용도 소득에서 공제해 줌으로써 소비지출을 유도하고 증가시켜야 한다. 즉 기업과 가계가 더 많이 일하고 더 많이 소비하도록 다양한 세금정책을 통해 유인을 주는 것이다. 민간 부문의 소비지출 이 증가되면 기업의 매출 증가로 이어져 생산 및 고용이 증가되며 경제가 다시 활력을 되찾을 것이다.

세금 인센티브는 기업을 춤추게 할 것이다.

보호무역주의에 대한 대응

세계 각국은 자국의 산업을 보호하는 보호무역주의를 더욱 강화할 것이다. 전 세계에서 가장 값싼 부품을 공급받았던 공급망들이 훼손되면서 기업들은 가치사슬에 대한 인식의 전환을 하게 되었다.

글로벌 공급망에서 가장 중요한 것은 값싼 원료 확보뿐만 아니라 공급 위험을 감소시키는 것이다. 세계 각국과 기업들은 자국 제조업이 부실할 때의 위험성을 깨닫고 글로벌 밸류체인 재편과 공장을 자국으로 유턴시키는 리쇼어링으로 정책의 전환을 하고 있다. 갈수록 자유무역주의는 위축되고 자국 중심으로 산업을 재편하려는 보호무역주의가 강화되는 것이다.

이러한 흐름 속에 동아시아 밸류체인에도 변화가 나타나고 있다. 세계의 공장 중국의 비중이 점차 감소하고 아세안 국가 등의 비중이 증가하고 있다. 중국이 쌍순환 전략을 통하여 수출 의존적 성장전략에서 벗어나 내수 활성화를 통한 성장 전략으로 경제정책 방향을 바꿨고, 각국도 글로벌 공급망의 중국 의존도에서 벗어나고자 하는 필요성이 증가하고 있기 때문이다.

또한, 각국 정부는 경기침체와 실업을 극복하기 위해서 리쇼어링을 지렛대로 삼고 있다. 생산기지의 국내 복귀를 통해 자국민의 일자리를 확보하고자 하는 것이다.

코로나19로 미국 경제가 위기를 맞고 있는 상황에서 취임한 조 바이든 대통령은 조세감면을 통해 리쇼어링 정책을 추진하고 있다. 한국경제연구원에 따르면 미국 중심의 글로벌 밸류체인 강화를 추구하는 바이든 대통령은 리쇼어링을 지원하기 위해 해외 생산기지를 미국으로 이전하는 미국 내 생산기업에 대해 10% 세액공제 혜택을 제공한다.

따라서 미국이 주도하는 글로벌 공급망 재편에 대비하여 한국 기업의 공급망 참여와 주요 부품 공급망의 안정화를 위한 대책이 있어야 할 것이다. 최근 LG에너지솔루션은 GM과 합작하여 전기차 배터리 생산을 위해 미국에 2조 7,000억 원을 투자하기로 하였고, 삼성전자는 신규 파운드리 공장 구축에 총 170억 달러를 투자하기로 하였다. 현대자동차는 미국 내 전기차 생산과 충전 인프라 확충시설에 총 74억 달러를 투자하기로 하였으며 SK 하이닉스도 실리콘밸리에 AI, 낸드 솔루션 등 신성장분야 혁신을 위한 대규모 연구개발센터를 설립하기로 하였다.

한편 미국 기업이 해외시설에서 생산한 제품과 서비스를 국내로 들여와 판매할 경우 오프쇼어링 추징세 10%를 부과한다.

또한 조 바이든 대통령은 연방기관의 주요 자재와 서비스를 미국 내에서 조달해야 한다는 바이 아메리칸 행정명령에 서명했다. 오히려 아메리카 퍼스트를 주장했던 전임 트럼프 대통령보다 보호무역주의 수위가 더욱 강해진 것이다.

우리나라도 이러한 자국 중심의 보호무역주의에 대응해 한국을 포함한 15개국이 참여하는 역내 포괄적 경제 동반자협정(RCEP)에 가입하였으며, 2020년 11월 15일 협정문에 서명하였고, 발효는 앞으로 1~2년 정도의 시간이 소요될 전망이다.

한편, 미국은 일본이 주도하고 있는 CPTPP를 통해 중국을 견제하려 하고 있다. 미국이 CPTPP에 가입하는 경우 한국이 가입하지 않는다면 상대적으로 미국에 대한 수출 경쟁력에 타격을 입게 될 가능성이 있다. 영국, 중국, 대만, 태국 등도 가입에 관심을 표명하고 있으며, 한국 정부 또한 CPTPP 참여를 적극적으로 검토하여야 한다.

또한 개발도상국 개발 협력을 지원하는 그린 ODA를 통하여 국제 협력에 기반한 수출 저변을 확대하여야 할 것이고, 수출 기업의 원활한 물류 확보와 수출 금융을 확대하여 수출활동을 지원해야 할 것이다.

이러한 치열한 경제전쟁 속에 우리나라도 세금 인센티브 등을 제공하며 적극적인 리쇼어링 지원 대책을 실시하여야 한다. 국내 유턴 기업의 자유무역지역 입주 요건 완화 등 입지 요건을 지원하고, 국내 공장 신설 및 사업장 증축시 법인세를 감면하는 등 국내 생산기반 확충을 위한 지원이 강화 되어야 할 것이다. 아울러 기업들은 글로벌 밸류체인에서 중국 의존도에서 탈피하여야 할 것이다. 오히려 중국의 쌍순환 전략에 따른 내수경제 활성화 기회를 이용하여 중국 시장을 공략해야 한다. 즉 중국을 세계의 공장에서 세계의 시장으로 활용하여야 할 것이다.

또한, 경제성장률이 높은 개발도상국에서는 세계적 브랜드에 대한 수요가 증가할 것이므로 RCEP 회원국들의 한국 제품에 대한 수요도 증가할 것이다. 기업들은 자유무역지대를 신규시장 확보의 기회로 적극 활용하여야 한다.

코로나와 싸우는 세계경제 변동성 관리

세계는 유동성을 무기로 코로나와 힘겹게 싸우고 있으며, 그러한 기조는 당분간 지속될 것이다.

트럼프에 이어 바이든 행정부도 1조 9,000억 달러 경기부양책을 시행하고 있고, 미국 연방준비제도이사회도 여전히 금리를 0.25%로 유지하고 있다, 한국은행도 금리를 0.5%로 유지하고 있으며, 한국 정부도 2021년 예산 558조를 편성하여 확장적 재정정책 기조를 유지하고 있다.

미국이 코로나19 위기 극복을 위하여 2022년까지 0.25% 기준금리를 유지한다고 천명은 하였으나, 2023년 경기가 회복된다면 기준금리를 3% 수준까지 빠르게 올릴지도 모른다. 이런 경우 다시 한번 전 세계 금융에 충격을 주게 될 것이다. 그래서 미국의 금리 인상에 대한 시기를 예의주시하며 버블 붕괴에 대비해야 한다. 그 어느 시기보다 한국은행과 정부의 역할이 매우 중요하다.

이러한 정부와 금융 당국의 유동성 공급과 백신 보급으로 세계 경제는 조금씩 회복되고 있다.

IMF는 2021년 4월말 올해 세계경제 성장률을 6%로 상향 조정하였다. 미국은 6.4 %, 중국은 8.4 성장할 것으로 전망하였다. 우리 경제도 수출과 투자를 중심으로 경제 회복에 대한 기대가 높아지고 있다. 미국과 중국 등 주요 교역국의 경기 회복세와 우리나라의 주력 수출 품목인 반도체 등 IT 산업과 신산업의 수요 확대 등에 힘 입어 수출은 6,000억 달러 목표를 무난히 달성할 것으로 전망된다. 아울러 반도체 등 IT 부문과 함께 비 IT 부문도 신기술과 친환경 투자 확대 등으로 인하여 투자도 지속적으로 증가하리라 예상된다. 내수도 백신 보급의 확대와 재난지원금 지급 등 소비지원 정책으로 소비심리가 개선되어 소비가 개선될 것으로 예측한다.

그러나 변이 바이러스의 창궐 등 코로나 위기 상황의 지속으로 인하여 대면 서비스업종 종사자와 영세 자영업자 등 취약 계층의 일자리와 내수경기 불균형은 해소되지 못하고 있으며, 소득, 주거, 자산 양극화 현상은 지속될 가능성이 높다.

정부는 코로나19 위기관리와 경제 회복을 위해 여전히 확장적 재정정책 기조를 유지하리라고 전망되지만, 현재의 통화정책 완화 기조를 유지하면서도 질서 있는 정상화를 모색할 것이다. 또한 방역 안전국가와의 트래블 버블 추진, 지역상품권 발행 확대 등 코로나 19 피해가 큰 관광업계와 자영업자 등을 위한 내수경기 회복 노력도 지속적으로 병행할 것이다.

한편, 성공적 방역으로 예상보다 실물경제 회복세가 빨라지고 물가상승 압력이 높아지면 한국은행도 기준금리 인상을 고민할 수밖에 없다. 따라서 미국의 금리 인상 여부, 물가상승 압력 등 거시경제 지표를 관찰하고, 한국은행의 선제적 금리 인상 가능성을 염두에 두어야 하며, 금리 인상에 따른 가계부채와 기업부채의 이자 부담이 커지는 것에 대해서도 적절한 대비를 하여야 할 것이다.

　정부도 가계부채 증가율을 안정적으로 관리하고 금리상승 리스크에 대비한 가계부채 부담을 완화하는 조치를 적극적으로 추진해야 한다. 또한 금리상승에 취약한 저소득층이 더 낮은 금리로 대환 및 신규대출이 가능하도록 지원해야 할 것이다.

10만 달러 미래를 향하여

맹자는 '무항산무항심無恒産無恒心'이라고 하였다. 항산이 없으면 항심이 없다는 말로, 생활이 안정되지 않으면 바른 마음을 견지하기 어렵다는 뜻이다. 즉 일정 부분 경제적 소득이 없으면 안정적 삶을 영위하기가 어렵다는 것을 이야기 하고 있다.

맹자의 주장처럼 풍요로운 경제는 많은 문제를 해결할 수 있을 것이다. 10만 달러 미래는 1인당 국민소득 33,000달러인 지금의 경제 규모보다 3배 이상 풍요로운 경제가 될 것이다. 국민 모두가 평균적으로 연봉이 지금보다 3배 오를 것이고, 소득이 3배 오를 것이며, 전국민의 평균 소득이 1억여 원이 될 것이다. 모든 국민이 기본적인 의식주가 해결되어 기호가치에 의한 소비시대가 열릴 것이고, AI와 로봇 등의 생활화로 기술진보의 편의성을 누리게 될 것이다.

1인당 소득 10만 달러의 미래는 개인의 삶의 주기에서 나타나는 많은 고민들, 즉 입시, 취업, 결혼, 출산, 육아, 실업, 노후대책 등 요람에서 무덤까지 발생하는 수많은 문제와 갈등을 해결할 수 있을 것이다. 또한, 공동체의 이슈인 국방, 치안, 안전, 보건, 복지, 저출산, 고령화 등의 문제도 많이 해결될 것이고, 사회적 안전망은 더욱 강화되어 평생복지체계가 구축될 것이며, 백신 주권도 확보되어 팬데믹에서도 자유로워질 것이다.

한편 북한과의 경제력 격차는 북한과의 통일을 앞당기는 효과적인 수단으로 작용할 수 있을 것이다. 북한의 비핵화 유도를 위한 대북경제제재는 북한 경제를 더욱 피폐하게 하고 있으므로 지속적으로 성장하는 대한민국과의 경제력 격차는 더욱 벌어질 것으로 보여진다.

2009년 이후 성장률이 둔화되고 있는 시점에서 미래와의 전쟁에서 승리하고 국민소득 10만 달러의 경제 강국으로 도약하기 위해서 우리는 무엇을 해야 할까?

한국경제는 다행히 눈부신 고도성장의 경험이 있다. 70년대 수출주도형 산업과 중공업으로의 산업구조 전환 이후 매년 10% 이상의 고도성장을 이룩한 경험이 있다. 이제 신속한 미래산업으로의 대전환은 다시 한번 한국경제의 성장을 견인할 것이다.

정부는 적극적인 인센티브와 규제정책으로 기업의 투자여건을 조성하여 탄소제로산업, 언택트산업, AI산업, 로봇 산업, 의료와 생명공학산업, 디지털산업 등 미래산업으로 기업의 산업구조 대전환을 유도하여야 할 것이다. 또한, AI 시대, 로봇 시대를 준비하기 위하여 창의력과 공감력, 디지털 리터러시를 바탕으로 하는 새로운 교육혁명으로 4차 산업혁명을 뒷받침 해야 할 것이다.

한편 기업은 정치, 경제, 사회, 기술의 거대한 흐름을 신속하고 정확하게 인식하고 21세기 국제 규범인 UN SDGs 준수와 ESG 경영을 적극적으로 수용하여 경제적 가치와 사회적 가치를 동시에 추구해야 한다. 기업의 투자기회는 재무적 성과와 비재무적 성과를 동시에 고 려해야 하고, 비재무적 성과는 ESG경영을 통해 실현하여여야 할 것이다.

이제 미래와의 전쟁은 시작되었다. 우리 모두가 대변혁의 시대에 대비하지 못한다면 낙오의 시간이 될 것이고, 경제는 회복할 수 없는 추락의 위기를 겪게 될 것이다. 그러나 이 변화와 위기를 기회로 삼아 선도적으로 대응한다면 오히려 기회의 시간이자 추월의 시간이 될 수 있다. 그렇게 할 때 미래와의 전쟁에서 승리하여 1인당 국민소득 10만 달러 미래를 만들 수 있을 것이다.

이제 대한민국은 패스트 팔로워가 아니라 퍼스트 무버로 세계 경제를 선도해야 하는 위치로 올라서고 있다. 기민한 산업구조 대전환을 통해 세계를 리드하는 경제강국이 될 기회가 우리 앞에 놓여 있다.

에필로그

미래사회와 새로운 경제체제

우리를 둘러싸고 있는 현실은 냉혹하다.

미국과 중국 사이에 벌어지고 있는 패권 경쟁은 더욱 심화되고, 북한의 핵무기 위협은 증가될 것이다. 또한 자국 산업을 보호하려는 보호무역주의는 더욱 심화 될 것이고, UN SDGs 준수와와 ESG 경영 요구는 더욱 거세질 것이다

가가운 미래에는 모든 산업이 저탄소 산업으로 전환해야만 할 것이라는 건 이미 자명하다. 또한 코로나19를 극복하더라도 팬데믹은 계속 발생할 가능성이 있고, 팬데믹에 대비하지 못하는 국가는 경제적 격차가 발생하는 백신 디바이드가 나타날 것이라는 것 역시 마찬가지다. 팬데믹과 기술 발전으로 언택트 산업과 온택트 산업으로 산업구조는 전환될 것이다.

한국은 인구절벽으로 초고령 사회가 지속되겠지만 2050년 즈

음엔 세계 인구가 100억 명에 달할 것으로 예측된다.

과학과 기술의 발전으로 AI는 계속 진화하고, 로봇은 생활화되며, 디지털산업은 더욱 활성화될 것이다.

생명공학은 발전하여 인간의 기대수명은 계속 늘어나고, 신체적 인지적 능력은 더욱 보강될 것이다. 또한, 빅데이터에 의한 감시자본주의는 계속 확대되고, 미래의 어느 시점에는 특정 재화에 대한 모든 데이터를 가지고 있는 집단이나 기업이 시장의 수요와 공급을 결정하게 될 것이다. 이렇게 감시자본주의가 계속 진행된다면 결국 자유시장 경제는 해체될지도 모른다.

기술적 진보의 속도가 빨라지면 최상위 계층은 인류 진화의 수단을 먼저 얻게 되고, 나머지 사람들과 구별되는 신체적 인지적 능력을 갖게 될 것이다. 생명공학의 발전으로 능력이 향상된 초인간과 평범한 인간 사이의 격차는 소득 격차, 자산 격차뿐만 아니라 생물학적 빈부격차를 만들어 새로운 계급을 탄생시킬 것이다. 마치 중세 봉건시대 영주와 농노처럼 초인간과 평범한 사람들로 구성된 새로운 계급 사회에서 초인간이 소득, 자산, 생물학적 빈부격차에 의해 모든 생산수단을 지배하게 될지 모른다. 즉 생명공학 발전이 가져온 새로운 계급사회는 자본주의를 해체하고 새로운 경제체제의 등장을 불러올지도 모른다.

기술 발전에 따른 기술적 실업으로 모든 사람이 일을 하지 않으면서도 기본소득을 받게 된다면 최상위층과 나머지 사람들 간의 경제적 사회적 이동이 중단된다. 일을 하지 못함으로써 자본을 축적할 기회가 원천적으로 차단되기 때문이다.

　그렇다면, 노동의 종말 시대에 모두가 기본소득으로 생활하게 된다면 재화의 배분은 어떻게 할 것인가?

　기본소득이 도입되기 이전부터 부자였던 사람들은 계속 부자로 살고, 나머지는 가상의 현실에 만족하며 살아야 하는가?

　결국, 기술 발전이 가져온 기술적 실업과 기본소득제는 자본주의를 해체하고 새로운 경제체제가 등장하게 되는 계기가 될지도 모른다. 그렇다면 새로운 경제체제는 무엇이고, 현재 경제체제에서 새로운 경제체제로 어떻게 이동할 것인가. 재화나 화폐의 교환이 아닌 데이터가 교환대상이 되는 시장경제가 될 것인가. 초인간들에 의해서 지배되는 봉건경제체제가 이루어질 것인가. 아니면 빅데이터를 통제하는 중앙집중형 계획경제체제로 돌아갈 것인가?

　결국, 미래사회의 삶의 방식과 경제체제에 대한 공동체의 합의가 필요할 것이다. 빅데이터에 의한 감시자본주의 규제, 생명공학의 윤리와 계급 사회 타파, 기본소득제도와 같은 재화 배분 문제 등 미래사회에 당면할 여러 문제와 공동체의 삶의 방식에 대해서 공동체의 충분한 토론과 합의가 필요할 것이다.

이러한 합의를 통해 미래사회의 삶의 방식과 미래세대가 살아가야 할 새로운 경제체제를 결정해야 할 것이다. 또한, 이러한 합의를 통해 자본주의를 위협하는 여러 요소들을 미리 제거하면서 기존의 경제 시스템을 안정적으로 유지하는 길 또한 여전히 남아 있다. 이제 우리에게는 미래와의 전쟁에서 승리하기 위한 미래산업으로로의 대전환과 교육혁명뿐만 아니라 공동체의 삶의 방식에 대한 합의를 이끌어 내는 새로운 시도 또한 동시에 필요할지도 모른다.

결국, 우리를 덮치고 있는 거대한 파도는 생존과 성장을 위한 변화와 행동을 요구할 뿐만 아니라 미래세대가 살아가야 할 삶의 방식과 새로운 경제체제에 대한 선택의 과제마저 안겨 주고 있는 것이다.

참고 문헌

『2021 대예측』 매경이코노미 매일경제신문사, 2020

『2030 미래 일자리 보고서』 안드레스 오펜하이머, 가나문화콘텐츠, 2020

『2045 인공지능 미래보고서』 일본경제신문사, 반니, 2019

『4차산업혁명 이미 와 있는 미래』 롤랜드 버거, 다산북, 2017

『BASIC INCOME』 필리프 판 파레이스 야니크판데르보호트, 흐름출판, 2018

『CES 2021』 한경 MOOK, 2021.1.17, 한국경제신문

『경영 전략』 장세진, 박영사, 2020

『경제의 특이점이 온다』 케일럼 체이스, 비즈페이퍼, 2017

『공천과 정당정치』 르우벤 하잔 기드온 라핫, 박영사, 2019

『글로벌 그린뉴딜』 제레미 리프킨, 민음사, 2020

『기본소득이 온다』 김교성 백승호 서정희 이승윤, 사회평론아카데미, 2018

『기후위기와 자본주의』 조너선 닐, 책갈피, 2019

『대공황의 역발상』 손기원, 부크크, 2020

『대멸종 연대기』 피터 브래넌, 흐름출판, 2019

『미래 시나리오 2021』 김광석 김상윤 박정호 이재호, 더퀘스트, 2020,

『사피엔스』 유발 하라리, 김영사, 2015

『언택트 비즈니스』 박경수, 포르체, 2020

『인류세 인간의 시대』 최평순, 다큐프라임 인류세 제작팀, 북하우스 퍼블리셔스, 2020

『정의와 다원적 평등』마이클 왈쩌, 철학과현실사, 1999

『중국의 쌍순환 발전 전략에 따른 한국 기업의 대응 방안』인천연구원, INChinaBrief, Vol.39

201.02.2.

『지도로 보는 세계정세』파스칼 보니파스, 청아출판사, 2020

『지속가능 발전 목표란 무엇인가』딜로이트컨설팅 엮음, 진성북스, 2020

『지적 대화를 위한 넓고 얕은 지식』채사장, 웨일북, 2020,

『초예측 부의 미래』유발 하라리외 5인, 웅진지식하우스, 2020

『특이점이 온다』레이 커즈와일, 김영사, 2007

『파란 하늘 빨간 지구』조천호, 동아시아, 2019

『팬데믹 시대를 살아갈 10대 어떻게 할까』코니 골드스미스, 오우아이(초록개구리), 2020

『팬데믹 패닉』슬라보예 지젝, 북하우스 퍼블리셔스, 2020,

『플랫폼 승자의 법칙』홍기영, 매경출판사, 2020

『호모데우스』유발 하라리, 김영사, 2017

미주

1 지도로 보는 세계정세, 파스칼 보니파스, 2020.4.1, 청아출판사 P. 14

2 지도로 보는 세계정세, 파스칼 보니파스, 2020.4.1, 청아출판사 P. 16 ~17

3 히스토리 101 - 원자력, 넷플릭스 다큐멘터리

4 조 바이든의 대북정책과 향후 한반도 정세 전망, 남성욱, 2020.11.23, 강의 자료

5 미 퍼서비어런스 화성 착륙 성공… '붉은 행성' 생명체 흔적 탐사(종합) | 연합뉴스(yna.co.kr),
   2021. 2. 19 연합뉴스 기사

6 지도로 보는 세계정세, 파스칼 보니파스, 2020.4.1, 청아출판사 P. 62

7 미중 전쟁은 불가피한가 - 그레이엄 엘리슨 교수 특강, 2018.6.29, 한국고등교육재단 특강

8 조 바이든의 대북정책과 향후 한반도 정세 전망, 남성욱, 2020.11.23, 강의 자료

9 조 바이든의 대북정책과 향후 한반도 정세 전망, 남성욱, 2020.11.23, 강의 자료

10 조 바이든의 대북정책과 향후 한반도 정세 전망, 남성욱, 2020.11.23, 강의 자료

11 조 바이든의 대북정책과 향후 한반도 정세 전망, 남성욱, 2020.11.23, 강의 자료

12 조 바이든의 대북정책과 향후 한반도 정세 전망, 남성욱, 2020.11.23, 강의 자료

13 정의와 다원적 평등, 마이클 왈쩌, 1999.10.25., 철학과 현실사 P. 29~72

14 정의와 다원적 평등, 마이클 왈쩌, 1999.10.25., 철학과 현실사 P. 461~471

14-1 중앙일보 기사 2020.12.30.

15 인류세 인간의 시대, 최평순, 다큐프라임 인류세 제작팀, 2020.9.3, 북하우스 퍼블리셔스 P.
   8~29

16 대멸종 연대기, 피터 브래넌, 2019.6.28, 흐름출판

17 인류세 인간의 시대, 최평순, 다큐프라임 인류세 제작팀, 2020.9.3, 북하우스 퍼블리셔스 P.
   277~283

18 파란 하늘 빨간 지구, 조천호, 2019.3.29, 동아시아 P. 147~153

19 기후위기와 자본주의, 조너선 닐, 2019.9.21, 책갈피 P. 11~13

20 파란 하늘 빨간 지구, 조천호, 2019.3.29, 동아시아 P. 127~131

21 한국핵융합에너지연구원 (kfe.re.kr) 홈페이지

22 글로벌 그린뉴딜, 제레미 리프킨, 2020.1.3, 민음사 P. 144~146

23 글로벌 그린뉴딜, 제레미 리프킨, 2020.1.3, 민음사 P. 246~253

24 글로벌 그린뉴딜, 제레미 리프킨, 2020.1.3, 민음사 P. 253~268

25 팬데믹 시대를 살아갈 10대 어떻게 할까, 코니 골드스미스 2020.7.6,
    오우아이(초록개구리)

26 팬데믹 시대를 살아갈 10대 어떻게 할까, 코니 골드스미스 2020.7.6,
    오우아이(초록개구리) P. 11

27 팬데믹 시대를 살아갈 10대 어떻게 할까, 코니 골드스미스 2020.7.6,
    오우아이(초록개구리)

28 CEPI 홈페이지 https://cepi.net

29 팬데믹 시대를 살아갈 10대 어떻게 할까, 코니 골드스미스 2020.7.6,
    오우아이(초록개구리) P. 167~171

30 코로나 백신: 한눈에 보는 전 세계 코로나19 백신 접종 현황 - BBC News 코리아

31 언택트 비즈니스, 박경수, 2020.8.3, 포르체 P. 37~47

32 4차산업혁명 이미 와 있는 미래, 롤랜드버거, 2017.6.27, 다산북스 P. 253~259

33 4차산업혁명 이미 와 있는 미래, 롤랜드버거, 2017.6.27, 다산북스 P. 285~304

34 4차산업혁명 이미 와 있는 미래, 롤랜드버거, 2017.6.27, 다산북스 P. 253~259

35 4차산업혁명 이미 와 있는 미래, 롤랜드버거, 2017.6.27, 다산북스 P. 259~261

36 4차산업혁명 이미 와 있는 미래, 롤랜드버거, 2017.6.27, 다산북스 P. 261~267

37 4차산업혁명 이미 와 있는 미래, 롤랜드버거, 2017.6.27, 다산북스 P. 256~259

38 작년 사상 첫 인구 감소… 연합뉴스 2021.1.3 기사

39 THE 17 GOALS | Sustainable Development (un.org)- UN SDGs 홈페이지

40 지속가능 발전목표란 무엇인가, 딜로이트컨설팅 엮음, 2020.1.22, 진성북스 P. 93~138

40-1 지속가능 발전목표란 무엇인가, 딜로이트컨설팅 엮음, 2020.1.22, 진성북스 P 10~11

40-2 책임투자원칙주도기구 (naver.com) - [네이버 지식백과] 책임투자원칙주도기구

[Principles for Responsible Investment Initiative] (금융·회계 관련 국제기구 지식정보원, 2011. 8. 19., 노영희, 홍현진)

40-3   월간 공인회계사, 2021년 3월호, 2021.03 VOL_334, P 30~33

40-4   [2021 ESG어워드] 8년새 27조 달러 증가… ESG에 글로벌 자금 모인다 - 머니S (mt.co.kr) - 머니S, 2021.4.27

40-5   [2021 ESG어워드] 8년새 27조 달러 증가…, 머니S, 2021.4.27

40-6   SK, 이사회 중심 인사위원회·ESG위원회 신설…, 머니S, 2021.3.25

41   미래 일자리 보고서, 안드레스 오펜하이머, 2020.4.20, 가나문화콘텐츠 P. 331~332

42   CES 2021, 한경MOOK, 2021.1.17, 한국경제신문

43   CES 2021, 한경MOOK, 2021.1.17, 한국경제신문 P. 20~21

44   2045 인공지능 미래보고서, 일본경제신문사 지음,2019.3.8, 반니 P. 13~14

45   경제의 특이점이 온다, 케일럼 체이스, 2017.10.25, 비즈페이퍼 P. 87~88

46   인공지능기술의 현황 및 전망, 이성환, 2020.6.16, 강의 자료

47   인공지능기술의 현황 및 전망, 이성환, 2020.6.16, 강의 자료

48   2045 인공지능 미래보고서, 일본경제신문사 지음, 2019.3.8, 반니 P. 16~17

49   2030 미래 일자리 보고서, 안드레스 오펜하이머, 2020.4.20, 가나문화콘텐츠 P. 368~372

50   2030 미래 일자리 보고서, 안드레스 오펜하이머, 2020.4.20, 가나문화콘텐츠 P. 449~450

51   지능로봇 기술 및 로봇 산업 동향, 송재복 , 2020.9.22, 강의 자료

52   CES 2021, 한경MOOK, 2021.1.17, 한국경제신문 P. 25

53   호모데우스, 유발 하라리, 2017. 5.15, 김영사 P. 474~480

54   2030 미래 일자리 보고서, 안드레스 오펜하이머, 2020.4.20, 가나문화콘텐츠 P. 453~458

55   특이점이 온다, 레이 커즈와일 , 2007.1.7, 김영사 P. 681~683

56   기본소득이 온다, 김교성 백승호 서정희 이승윤, 2018.2.22, 사회평론아카데미 P. 117~133

57   '로봇의 부상' 인간이 설 자리는 어디에? (khan.co.kr) - 경향비즈

58 기본소득이 온다, 김교성 백승호 서정희 이승윤, 2018.2.22, 사회평론아카데미
    P. 140~155

59 경제의 특이점이 온다, 케일럼 체이스, 2017.10.25, 비즈페이퍼 P. 284~286

60 경제의 특이점이 온다, 케일럼 체이스, 2017.10.25, 비즈페이퍼 P. 316~345

61 초예측 부의 미래, 유발 하라리외 5인, 2020.4.20, 웅진 지식 하우스 P. 16~38

62 한경연 '美 리쇼어링 대응해 해외 소득 과세체계 전환해야' (sedaily.com)- 서울경제
    2021.3.16 기사

63 바이든, '바이 아메리칸' 행정명령에 서명(edaily.co.kr) - 이데일리 2021.1.26 기사

64 中 5중 전회 폐막⋯美와 갈등 쌍순환·기술자립 해법 내놔, 머니투데이 2020.10.29 기사

65 지도로 보는 세계정세, 파스칼 보니파스, 2020.4.1, 청아출판사 P. 32~33

66 포괄적·점진적 환태평양경제동반자협정(CPTPP) (naver.com) - 시사상식사전

67 역내포괄적경제동반자협정(RCEP) (naver.com) - 시사상식사전

68 이번엔 인프라⋯바이든 4조 달러 돈풀기 산업재·원자재株 주목, 한국경제 2021.3.28 기사

69 테이퍼링 (naver.com), 트렌드 지식사전 2

70 OECD 중간경제전망, 기획재정부 보도참고자료 2021.3.9

71 2021 나라재정 1월호 P 25~31

72 2021 나라재정 1월호 P 25~31

73 한눈에 보는 경제 (moef.go.kr), 기획재정부

74 2021예산안 중점프로젝트 40선 예산, 기획재정부

75 한은, 기준금리 0.50% 동결⋯, dongA.com 2021.4.15

76 박정희, 가난의 시대 딛고 '10% 고도성장 .. : 네이버 블로그 (naver.com)

77 중화학공업 참여 및 기업에 대한 파격적 지원 : 네이버 블로그 (naver.com)

78 뉴스의 맥 9년간 고작 51시간 정보교육⋯ 한경닷컴

79 박수진의 논점과 관점 백신 개발에 추경 10조 써보라, 한경닷컴

80 뉴스의 맥, 9년간 고작 51시간 정보교육... 한경닷컴

10만 달러 미래
기회와 추월의 시간

지은이 권세호

발행일 2021년 7월 27일

펴낸이 양근모

펴낸곳 도서출판 청년정신

출판등록 1997년 12월 26일 제 10-1531호

주　소　경기도 파주시 문발로 115 세종출판벤처타운 408호

전　화　031) 955-4923 팩스　031) 624-6928

이메일　pricker@empas.com

ISBN　978-89-5861-208-7　03320

이 책은 저작권법에 의해 보호를 받는 저작물입니다.
이 책의 내용의 전부 또는 일부를 이용하시려면 반드시 저작권자와
도서출판 청년정신의 서면동의를 받아야 합니다.